LAS VEGAS

Libre Expression

Une compagnie de Quebecor Media

Gauche **Bellagio** Centre **Forum Shops at Caesars** Droite **Venetian**

Libre **Expression**
Une compagnie de Quebecor Media

DIRECTION
Nathalie Pujo

RESPONSABLE DE PÔLE ÉDITORIAL
Cécile Petiau

RESPONSABLE DE COLLECTION
Catherine Laussucq

ÉDITION
Émilie Lézénès et Adam Stambul

TRADUIT ET ADAPTÉ DE L'ANGLAIS PAR
Anne-Marie Térel avec la collaboration
d'Isabelle Guilhamon

MISE EN PAGES (PAO)
Maogani

Ce guide Top 10 a été établi par
Connie Emerson

Publié pour la première fois en Grande-
Bretagne en 2003 sous le titre *Eyewitness
Top 10 Travel Guides : Top 10 Las Vegas*
© Dorling Kindersley Limited, Londres 2009.
© Hachette Livre (Hachette Tourisme) pour
la traduction et l'édition françaises 2009
Tous droits de traduction, d'adaptation et
de reproduction réservés pour tous pays.

© Éditions Libre Expression, 2009
pour l'édition française au Canada

Tous droits de traduction, d'adaptation et
de reproduction réservés pour tous pays.

IMPRIMÉ ET RELIÉ EN CHINE PAR
SOUTH CHINA PRINTING CO LTD

Les Éditions Libre Expression
Groupe Librex inc.
Une compagnie de Quebecor Media
La Tourelle
1055, boul. René-Lévesque Est,
Bureau 800
Montréal (Québec) H2L 4S5

Dépôt légal : Bibliothèque et Archives
nationales du Québec, 2009

ISBN 978-2-7648-0459-9

Le classement des différents sites
est un choix de l'éditeur et n'implique
ni leur qualité ni leur notoriété.

Sommaire

Las Vegas Top 10

Las Vegas thème par thème

Aussi soigneusement qu'il ait été établi,
ce guide n'est pas à l'abri
des changements de dernière heure.
Faites-nous part de vos remarques,
informez-nous de vos découvertes
personnelles : nous accordons
la plus grande attention
au courrier de nos lecteurs.

Abréviations : EP Entrée payante **EG** Entrée gratuite
C Climatisation **PC** Pas de climatisation

Gauche **Casino Golden Nugget** Centre gauche **Jubilee** Centre droite **Chapelle nuptiale** Droite **Legacy Golf**

Sommaire

Gauche **Fremont Street Experience** Droite **Grand Canyon**

 Abréviations : j.f. *jour férié* **t.l.j.** *tous les jours* **AH** *Accès handicapés* **PAH** *Pas d'accès handicapés*

LAS VEGAS
TOP 10

LAS VEGAS TOP 10

☺10 À ne pas manquer

Lumières éclatantes, hôtels surdimensionnés, stars du spectacle, boutiques et restaurants parmi les meilleurs du monde : Las Vegas mérite son appellation de capitale mondiale du divertissement. Mais la ville est également entourée des trésors naturels que sont les lacs et les canyons du désert.

Le Strip
Bordée de néons et de complexes hôteliers aux thèmes imaginatifs, l'artère du jeu est constamment en éveil *(p. 8-9)*.

Hoover Dam
Prouesse technique, ce barrage a permis de maîtriser l'impétueux fleuve Colorado, tout en créant l'immense Lake Mead qui, à quelques minutes de la ville, se prête à de nombreuses activités nautiques *(p. 10-11)*.

Bellagio
Cet hôtel, l'un des plus luxueux de Las Vegas, bénéficie d'une situation idéale *(p. 14-15)*.

Glitter Gulch
Glitter Gulch fut le cœur de Las Vegas jusque dans les années 1970 et connaît un second souffle depuis la fin des années 1990 *(p. 12-13)*.

Pages précédentes **Vegas Vic, Glitter Gulch**

Venetian 6
Entre les monuments de Venise ou en gondole sur le canal, on croise musiciens et patriciens de la Renaissance italienne *(p. 20-21)*.

Grand Canyon 5
Qu'on s'y rende depuis Las Vegas en avion, en car ou en voiture, cette excursion incontournable est une expérience inoubliable *(p. 16-19)*.

Wynn Las Vegas 7
Un imposant complexe hôtelier situé dans un décor magnifique *(p. 22-23)*.

Red Rock Canyon 8
Non loin de la ville, cet escarpement rougeoie au coucher du soleil *(p. 24-25)*.

Musée de cire de Madame Tussaud 10
Les vedettes du spectacle côtoient celles du sport dans ce musée, où les figures de cire sont plus vraies que nature *(p. 28-29)*.

Forum Shops at Caesars 9
Le cadre, dédié à la gloire de la Rome antique, abrite boutiques et restaurants chic *(p. 26-27)*.

🔟 Le Strip

Avec ses fabuleuses attractions pour adultes et enfants, Las Vegas est la ville des superlatifs. Le Strip est la meilleure illustration de son faste et de son éclat. Entièrement consacré au divertissement, ce tronçon de 6 km de Las Vegas Boulevard est bordé des plus grands hôtels et casinos du monde. L'artère se renouvelle sans cesse en privilégiant des critères apparemment contradictoires : hédonisme et distractions familiales alternent au fil des décennies.

Le Strip de jour

🍩 Profitez des vacances pour déguster des beignets au petit déjeuner. Les délicieux « Krispy Kreme » sont en vente à l'Excalibur, à l'entrée du TI et dans d'autres casinos du Strip.

🍸 Pour jouir pleinement de l'excitation de la ville, prenez une chambre plein sud avec vue sur le Strip aux étages supérieurs du Venetian ou du TI. Allez dans les magasins du Strip de bonne heure pour éviter la foule ou fréquentez les boutiques des hôtels qui restent ouvertes tard le soir.

• Plan M3-R2
• renseignements : Las Vegas Convention et Visitors Authority
• 3150 Paradise Road
• 702 892 0711 ou 1877 847 4858 • www. visitlasvegas.com

À ne pas manquer

1. Le Strip de nuit
2. Le Strip de jour
3. Premiers casinos-hôtels
4. Casinos à thème
5. Les cinq plus grands hôtels
6. Fashion Show Mall
7. Forum Shops at Caesars
8. Hole-in-the-Wall Businesses
9. Marché hawaiien
10. Imitateurs

1 Le Strip de nuit
C'est à la nuit tombée qu'il faut voir le Strip : ses kilomètres de néons, ses millions d'ampoules scintillantes, ses immenses panneaux en fibre optique, sans oublier ses milliers de visiteurs, contribuent à une ambiance proche de l'euphorie.

2 Le Strip de jour
Dès le matin, voitures et piétons se pressent dans les rues, alors que les lumières du Strip sont encore éteintes. C'est l'une des 15 artères américaines désignées « All American Road and Scenic Byway » (Route 100 % américaine et parcours panoramique).

3 Premiers casinos-hôtels
Il reste en ville quelques casinos-hôtels des années 1950 à 1970, tels le Sanaa, le Riviera, le Tropicana *(ci-contre)* et le Bally's. Leur architecture imposante évoque l'après-guerre. Vous y trouverez des chambres correctes à prix modérés.

Autres renseignements sur le Strip p. 70-77

Casinos à thème

Construits au début des années 1990, les casinos MGM Grand, TI *(p. 33)*, Monte Carlo et Luxor *(p. 72)* sont dédiés à un thème. Le MGM Grand abrite de véritables lions, le TI *(ci-contre)* met en scène de palpitants combats de pirates, et le Luxor est une reproduction de la pyramide de Guizeh, en Égypte.

Fashion Show Mall

Ce centre commercial haut de gamme *(p. 52)* incarne la devise de Las Vegas : « *Bigger is better* » (« Plus grand, c'est mieux ») avec ses 250 boutiques et restaurants de luxe. Il fait partie des 3 centres commerciaux américains accueillant 8 grands magasins.

Marché hawaiien

Situé au milieu du Strip, entre le Flamingo et le Tropicana, ce marché thématique comprend boutiques, restaurants et aires de jeux.

Imitateurs

Les imitateurs d'Elvis Presley, de Marilyn Monroe et autres célébrités sont monnaie courante sur le Strip. Ils se produisent dans des spectacles rétro et célèbrent parfois des mariages. Toutefois, on peut également croiser des vedettes en chair et en os dans la ville !

Forum Shops at Caesars

Incontournable à Las Vegas, la galerie commerciale du Caesar Palace *(p. 26-27 et ci-dessus)* regroupe distractions, restaurants et boutiques dans un décor inspiré de la Rome antique.

Les 5 plus grands hôtels

Les hôtels Bellagio *(p. 14-15)*, Venetian *(p. 20-21)*, Wynn Las Vegas *(p. 22-23)*, Mandalay Bay *(p. 32)* et Paris Las Vegas *(p. 33)* existent depuis 1998. Une fois installé, leur client n'a plus à sortir : on y exauce ses moindres désirs sur place.

Hole-in-the-Wall Businesses

Blottis entre les gratte-ciel, de simples rez-de-chaussée abritent, entre autres, snack-bars et agences de voyages. Dans l'une des vitrines, des hommes roulent des cigares à la main.

La Mafia

Comme l'évoque le film *Casino* (Martin Scorsese, 1995), le crime organisé s'installe à Las Vegas pour plusieurs décennies dès les années 1940. Les gangsters sont attirés par l'argent des machines à sous. Bugsy Siegel fait office de pionnier en créant en 1946 l'hôtel Flamingo *(p. 30)*, et Moe Dalitz, patron du crime dans le Midwest, ouvre le Desert Inn en 1950. Aujourd'hui, une meilleure législation et l'amélioration du maintien de l'ordre semblent avoir mis un terme à l'action de la Mafia.

Autres renseignements sur le jeu **p. 122-125**

TOP 10 Hoover Dam

Avant la construction de ce barrage, au début du siècle dernier, des milliers d'hectares de terres arables en Californie du Sud et au Mexique étaient régulièrement inondés par les eaux violentes du Colorado. Une série d'études sur la maîtrise de ce fleuve dévastateur a abouti en 1928 au Boulder Canyon Project Act, puis à la construction du barrage. Merveille technologique, ce colosse de béton permet de produire de l'électricité et d'empêcher les inondations. Il attire près d'un million de visiteurs par an.

Sur le barrage

🥤 **Avant de quitter Las Vegas, faites provision de boissons et de sandwichs au Capriotti's Sandwich Shop (322 W. Sahara)** pour pique-niquer sur une plage du Lake Mead.

🌀 **Optez pour une croisière n'incluant pas les repas :** cette formule économique laisse plus de temps pour visiter la région.

Pour aller à Valley of Fire et au Lost City Museum *(p. 98),* **empruntez les Highways 166 et 167,** qui longent la rive ouest du Lake Mead

• *Plan T2* • *50 km au SE de Las Vegas*
• *Hoover Dam Visitors Center, Hwy. 93, Hoover Dam, Boulder City, NV*
• *702 494 2517*
• *ouv. t.l.j. 9h-17h*
• *réservations vis. guid. (appel gratuit) 866 730 9097*
• *www.usbr.gov/le/ hooverdam*

À ne pas manquer

1. Point de vue sur le Hoover Dam
2. Hoover Dam Visitors Center
3. Visites guidées
4. Lake Mead
5. Rafting sur Black Canyon River
6. Croisières sur le Lake Mead
7. Plongée sous-marine
8. Boulder City/Hoover Dam Museum
9. Maisons des ouvriers
10. Commercial District, Boulder City

Point de vue sur le Hoover Dam [1]

Malgré la foule qui s'y presse, le point de vue de la Highway 93 en venant de Las Vegas offre un spectacle époustouflant. La construction de ce barrage stupéfiant, haut de 221 m et ayant nécessité 2,6 millions de m³ de béton, a mobilisé des milliers d'ouvriers, qui ont travaillé jour et nuit pendant 4 ans.

Hoover Dam Visitors Center [2]

Au bureau d'accueil, des présentations audiovisuelles ainsi que des expositions multimédia expliquent les méthodes et les dangers liés à la construction de la 8e merveille du monde moderne. Depuis le toit, la vue panoramique embrasse le barrage, le Lake Mead et Black Canyon.

Visites guidées [3]

Parmi les nombreuses visites, on peut descendre au 5e étage pour voir en action les générateurs de l'immense turbine.

Au cœur du barrage

Lake Mead

Le lac du barrage est le plus vaste plan d'eau artificiel des États-Unis. Ses 1 120 km de rives sont bordés de forêts, canyons et prairies fleuries, et ses eaux regorgent de poissons. La meilleure plage pour la baignade est Boulder Beach.

Croisières sur le Lake Mead

Vues du pont d'un bateau, les rives du lac sont très vivantes et colorées (à gauche) : plages de sable, rochers multicolores et faune variée composée d'ânes, de gros lièvres, de lézards et de quelques moutons Bighorn.

Plongée sous-marine

Un spectacle insolite attend les plongeurs : les poissons nagent autour d'une usine de béton engloutie et du village submergé de St Thomas. Les amateurs doivent faire appel à une compagnie locale, et les plongeurs certifiés peuvent louer du matériel.

Boulder City/Hoover Dam Museum

Abrité dans l'historique Boulder Dam Hotel (p. 93 et ci-dessus), ce musée est consacré au barrage et à ses bâtisseurs. Un film passionnant retrace cette aventure. Souvenirs, photos et affiches illustrent la vie dans les années 1930.

Rafting sur Black Canyon River

Le Colorado coule paisiblement au pied du barrage, et le rafting y est agréable et sûr. Willow Beach, à 19 km, s'atteint en 3 heures environ. En chemin, on remarque des pétroglyphes et des anneaux d'amarrage qui, avant la construction du barrage, servaient à treuiller les bateaux à vapeur au-dessus des Ringbolt Rapids.

Maisons des ouvriers, Boulder City

La plupart des bâtiments qui ont abrité jusqu'à 8 000 ouvriers du barrage ont disparu, mais les maisons 1 à 12 ont conservé leur aspect d'origine.

Commercial District, Boulder City

Ces galeries typiques du Sud-Ouest américain des années 1930 sont les précurseurs des centres commerciaux modernes. Elles contrastent avec le Boulder Dam Hotel, de style colonial.

Peuplades ancestrales

Les archéologues ne s'acordent pas sur la date d'arrivée de l'homme sur les rives du Colorado. L'aval du barrage était sans doute habité il y a 3 000 à 4 000 ans, voire 8 000 ans. Les Patayans figurent parmi les premiers Amérindiens sur le territoire des 3 États (Nevada, Arizona, Californie). Implantés vers l'an 900, ils vivaient sous des abris de broussailles et se nourrissaient de graines. Les membres des tribus Hualapai et Mojave sont leurs descendants.

Autres activités de plein air **p. 56-57**

11

Glitter Gulch

Dans les années 1980 et au début des années 1990, le Strip gagne en prestige au détriment du centre-ville et de Glitter Gulch, tronçon de Fremont Street dédié au divertissement, qui ne cessent de décliner. Les édiles et les propriétaires des casinos conviennent de mesures destinées à inverser ce phénomène. Leurs efforts ont relancé le quartier : les nombreux restaurants et bars à cocktails qui ont ouvert récemment proposent aux visiteurs un large éventail de distractions.

Fremont Street

○ Vous ferez un repas inoubliable au Florida Café Restaurante Cubano (1401 Las Vegas Boulevard S.).

◐ La nuit tombée, ne vous éloignez pas des lieux éclairés. Des problèmes de criminalité subsistent non loin de Glitter Gulch *(p. 131)*.

Arrivez à l'avance pour le son et lumière de Fremont Street Experience. Découvrez ensuite les boutiques et les casinos, ou admirez les artistes en attendant le spectacle suivant.

• Plan J–K4 • Golden Gate, 1 Fremont St., 702 385 1906
• Golden Nugget Hotel, 129 E. Fremont St., 702 385 7111
• Binion's, 128 Fremont St., 702 382 1600 ou 800 237 6537 • Lady Luck Hotel, 206 N. 3rd St., 702 477 3000 ou 800 523 9582.

À ne pas manquer

1. Lumières de Glitter Gulch
2. Fremont Street Experience
3. Enseignes à l'ancienne
4. Premier casino de Las Vegas
5. Zone piétonne de Fremont Street
6. Golden Nugget
7. Binion's
8. Triple George Grill
9. Ambassadeurs de casino
10. Divertissements

1 Lumières de Glitter Gulch
De toute évidence, le cœur du centre-ville mérite son nom de « ravin scintillant ». C'est l'un des endroits les plus éclairés de la planète : on peut même lire le journal en pleine rue à minuit. Les grands créateurs de néons et les éclairagistes du pays y présentaient déjà leurs productions avant l'invention de Fremont Street Experience.

2 Fremont Street Experience
La réhabilitation du centre en 1995 a entraîné la transformation d'un tronçon de Fremont Street, sur 4 pâtés de maisons. Il est devenu aujourd'hui une zone piétonne couverte d'une immense voûte de 27 m de haut, constellée de plus de 12,5 millions d'ampoules. Les visiteurs s'y pressent toutes les heures, de 20 h à minuit, pour admirer l'étonnant son et lumière *(p. 78-79)*.

Fremont Street Experience

3 Enseignes à l'ancienne
Las Vegas Vic, le cow-boy lumineux *(p. 80)*, salue les passants sur Fremont Street depuis 1951. À l'angle de Fremont Street et de Las Vegas Boulevard se trouve le Neon Museum *(p. 45)*.

4 Premier casino de Las Vegas
C'est à l'hôtel Sal Sagev, actuel Golden Gate sur Fremont Street, que tout a commencé. Son nom prend son sens lorsqu'il est lu dans un miroir. Le nouvel établissement est plus réputé pour ses cocktails de crevettes que pour ses salles de jeu.

8 Triple George Grill
Avec son plancher en damier noir et blanc et ses banquettes de bois, ce restaurant populaire rappelle les *diners* du San Francisco des années 1950. Les meilleurs pianistes jouent souvent à cette adresse (201 N 3rd Street).

6 Golden Nugget

Avec ses 4 étoiles et son remarquable casino *(p. 37)*, l'hôtel offre le meilleur rapport qualité-prix de la ville (les prix chutent à 60 $ en basse saison). Dans le quartier, le California Café est un restaurant très bon marché, fréquenté par une clientèle hétéroclite.

7 Binion's
Le contrebandier et parieur Benny Binion a fondé cette maison en 1951, qui a appartenu jusqu'à récemment à ses descendants. Les plus grands joueurs de poker s'y retrouvent encore, bien que le Championnat mondial se tienne maintenant au Rio *(p. 36)*. Un coup d'œil à l'hôtel-casino en vaut la peine.

9 Ambassadeurs de casino
Tout au long de Fremont Street, vous devrez résister aux charmes des *girls* aux costumes exotiques, des sirènes et des cow-boys embauchés par les casinos pour inciter les passants à entrer.

10 Divertissements
Outre les grands spectacles et les numéros de salon proposés dans la plupart des hôtels *(p. 42-43)*, les divertissements sont concentrés sur Fremont Street, très en vogue pour les revues et les concerts *(p. 82)*.

Les débuts de Glitter Gulch

Pendant ses 20 premières années, Glitter Gulch n'offrait que quelques bars et maisons closes dans le quartier rouge du centre. Tout a changé avec la légalisation du jeu et l'arrivée de 5 000 ouvriers pour la construction du Hoover Dam en 1931. Des casinos ouvrent à Fremont Street et les premiers visiteurs arrivent. Dans les années 1940, la population fait un bond avec les familles des vétérans de la Seconde Guerre mondiale, et les casinos s'élèvent rapidement.

5 Zone piétonne de Fremont Street
Aménagé au milieu des années 1990 au centre-ville, entre Main Street et 4th Street, ce secteur piéton très fleuri est agrémenté de pittoresques charrettes de marchands et d'artistes ambulants.

 Meilleurs hôtels et casinos p. 32-37

⬛ Bellagio

Des compositions florales des halls à l'aménagement des salles de bains, le Bellagio, construit en 1998, est synonyme de perfection. Son créateur, Steve Wynn, souhaitait, à l'origine, ériger un hôtel « qui incarnerait la qualité absolue tout en soulignant le charme et l'élégance – le charme au sens littéraire, un lieu de beauté idéale et de confort ; l'univers que chacun attend, tel qu'il serait si tout allait bien ». Le fondateur de ce superbe monument aux loisirs semble avoir atteint son objectif.

Façade du Bellagio

🍽 **Pour déjeuner dans un cadre paisible, réservez une table à la terrasse d'Olives, au bord du lac Bellagio.**

🌀 **Faites-vous plaisir et payez-vous un après-midi au spa de l'hôtel. On y offre des réservations spéciales pour les nouveaux mariés et même des traitements spéciaux pour hommes.**

Pour admirer le spectacle de jets d'eau du Bellagio, traversez la rue et montez à l'étage panoramique de la tour Eiffel au Paris Las Vegas.

- Plan Q1-2 • 3600 Las Vegas Blvd. S
- réservations 888 987 6667 • renseignements 702 693 7111
- www.bellagio.com
- $$$$$.

À ne pas manquer

1. Influence italienne
2. Plafond du hall
3. Via Bellagio
4. Jardin d'hiver et jardin botanique
5. Casino
6. Gallery of Fine Arts
7. Théâtre
8. Restaurants
9. Cour
10. Salles de réunion et de travail

1 Influence italienne

Précédé d'un lac immaculé de 4 ha et d'une avenue bordée d'arbres, cet hôtel extraordinaire s'inspire d'un village idyllique des rives du lac de Côme, en Italie. La tour originale aux 3 000 chambres et les 2 chapelles nuptiales baignent dans une opulence à l'italienne. Cette reconstitution a coûté 1,9 milliard de dollars.

2 Plafond du hall

Sur 186 m², le plafond est orné d'étincelantes fleurs en verre. Ces *Fiore di Como*, toutes différentes, ont été conçues par Dale Chihuly, premier artiste américain nommé « trésor national », célèbre pour ses créations cristallines inspirées par la nature.

Autres hôtels à thème **p. 32-33**
Catégories de prix **p. 89**

Via Bellagio
La galerie marchande du Bellagio *(p. 52)* regroupe principalement des boutiques de luxe. Parmi ses enseignes, on trouve notamment des succursales de marques comme Prada, Tiffany & Co., Chanel, Giorgio Armani, Dior, Hermès, Gucci ou encore Yves Saint-Laurent.

Cour
Avec ses colonnes et ses statues à l'italienne, ses 5 piscines à ciel ouvert et ses 4 spas *(p. 65)*, l'élégante cour du Bellagio est très agréable pour flâner le matin et le soir. Dans la journée, elle accueille cabines de bain, chaises longues, tables et parasols, et les amateurs de bronzage y dégustent des boissons fraîches.

Casino
De tous les casinos de Las Vegas, celui du Bellagio est le moins ostentatoire et le plus sophistiqué. Ses moindres détails ont fait l'objet d'une attention particulière : les machines à sous sont ornées de tissus créés spécialement pour remplacer les inévitables néons, et les tapis ont été faits sur commande.

Gallery of Fine Arts
La galerie de tableaux abrite de prestigieuses expositions temporaires organisées avec de grands musées du monde entier et consacrées à des artistes internationaux de génie, d'hier et d'aujourd'hui.

Théâtre
Conçu pour *O*, la spectaculaire production du Cirque du Soleil *(p. 38)*, le théâtre marie un cadre romantique (inspiré de l'Opéra de Paris) à la technologie de pointe. Le clou de la réalisation est la piscine de 6,8 millions de litres d'eau, modulable en fonction des numéros.

Restaurants
Le Cirque, Noodles, Jasmine ou Yellowtail sont d'excellents restaurants. Lauréat des 5 étoiles très convoitées du guide *Mobil*, le Picasso *(p. 46)* est décoré de tableaux originaux du peintre.

Jardin d'hiver et jardin botanique
Les fidèles clients passionnés de jardinage et de plantes apprécient les expositions florales renouvelées à chaque saison et lors du Nouvel An chinois. Tout changement nécessite l'intervention de 150 spécialistes.

Salles de réunion et de travail
Le Bellagio peut recevoir des conférences de 5 500 participants dans 50 salles différentes, y compris 3 salles de bal. Un personnel spécialisé assure les services, comme le traitement de texte.

Les joueurs invétérés
Les grands joueurs sont courtisés par tous les grands casinos. L'attention qu'on leur porte dépend du montant de leurs paris : ceux qui parient des milliers de dollars en une soirée sont considérés comme des vedettes. Certains hôtels mettent parfois à leur disposition un avion privé, une suite luxueuse et un crédit illimité pour leurs consommations. Ces clients étant traités avec la plus grande discrétion, on ne les remarque pas.

Comment réserver un hôtel **p. 135**

🔟 Grand Canyon

La découverte de cette impressionnante curiosité géologique est une expérience époustouflante. Long de 443 km, large de 16 km et profond par endroits de 1,6 km, le Grand Canyon est doté de proportions écrasantes. Du fait des fortes variations d'altitude entre le fond et le sommet, le canyon abrite divers habitats désertiques et montagneux. South Rim (bord sud), plus

facile d'accès par la route que North Rim (bord nord), se trouve à 5 heures de route de Las Vegas.

Strates de la paroi du canyon

🍽 **Meilleurs restaurants du Grand Canyon (p. 106).**

✈ **South Rim est accessible toute l'année par la route, contrairement à North Rim, dont les équipements et accès sont fermés de novembre à mi-mai.**

Un permis est nécessaire pour camper hors des terrains officiels du parc national du Grand Canyon. Contactez à l'avance le Backcountry Information Center.

• Plan V2 • South Rim 434 km, North Rim 408 km à l'E de Las Vegas • South Rim Visitor Center, Canyon View Information Plaza, Mather Point, ouv. t.l.j. 8h-17h, 928 638 7888 • www.nps.gov/grca • EP 20 $ par véhicule ou 10 $ par piéton pour le parc national.

À ne pas manquer

1 Survol en avion
2 Rafting en eaux calmes
3 Visitor Centers
4 Sentiers de randonnée
5 Points de vue
6 Rafting en eaux vives
7 Skywalk
8 Village de Tusayan
9 Condor de Californie
10 Forêt de trembles

Survol en avion
Le survol du Grand Canyon est l'une des excursions les plus appréciées au départ de Las Vegas *(p. 109)*.

Rafting en eaux calmes
Des organismes spécialisés proposent des excursions d'une journée pour s'essayer aux joies de la navigation. Sur 24 km, le circuit proposé va de Glen Canyon Dam jusqu'à l'entrée de Marble Canyon *(p. 105)*, Lee's Ferry, voire jusqu'au Grand Canyon. Sur le chemin, le fleuve paisible serpente entre de vertigineuses parois.

Visitor Centers
Aux bureaux d'accueil de North et South Rim, on trouve des cartes gratuites, et les fascicules *The Guide* pour les informations pratiques, *Jr Ranger Guide* pour les activités destinées aux enfants et *The Accessibility Guide* pour les voyageurs handicapés. Il est difficile de trouver des brochures en français. Le train appelé Grand Canyon Railway *(ci-dessous)* relie la ville de Williams à Grand Canyon Village, près du bureau d'accueil de South Rim.

Sentiers de randonnée 4

Du côté de South Rim, les randonneurs apprécient les sentiers de South Kaibab, Bright Angel et Rim *(p. 108)*. À North Rim, ils empruntent ceux de North Kaibab, Bright Angel Point et Widforss. Ne tentez pas de faire l'aller-retour en une journée : procurez-vous un permis pour la nuit.

Points de vue 5

Yaki Point, Grandview Point et Moran Point, sur South Rim et East Rim, offrent des vues éblouissantes. Du haut de la tour de guet de 23 m, le spectacle s'étend presque jusqu'à l'Utah. À l'entrée du parc, Yavapai Observation Station et Maricopa Point présentent de superbes panoramas. Les automobilistes peuvent emprunter la Desert View Drive (Highway 64), qui longe South Rim sur 42 km. Hermits Rest Road suit North Rim sur 13 km, mais la route est fermée d'octobre à mai pour cause d'enneigement.

Condor de Californie 9

Le condor de Californie, d'une envergure d'environ 3 m, est une espèce menacée. On en voit parfois planer du côté sud du canyon.

Forêt de trembles 10

En automne, la dense forêt de trembles (variété de peuplier) de North Rim se pare de couleurs chatoyantes.

Rafting en eaux vives 6

Plusieurs compagnies, telle Canyon Explorations, proposent des descentes en raft sur le Colorado dans les gorges du Grand Canyon. Leur durée varie de 6 à 16 jours *(p. 109)*.

Skywalk 7

Les amateurs de sensations fortes doivent se rendre au Grand Canyon Skywalk à South Rim. La spectaculaire plate-forme de verre permet de dominer le Colorado, 1 200 m plus bas.

Village de Tusayan 8

Entre South Rim Village et l'entrée du parc se dressent les vestiges, datant de 1200 av. J.-C., d'un habitat rupestre des ancêtres des Hopi. Le musée voisin et les ruines de Tusayan abritent des objets évoquant les tribus qui vivent de nos jours dans la région. Au village, un film sur les secrets du canyon est projeté sur un écran IMAX de 23 m.

L'exploration du Canyon

En 1869, le major John Wesley Powell, vétéran de la guerre de Sécession, mène une expédition dans le canyon, le long du Colorado. Le 28 août, trois hommes quittent le groupe au bord de Separation Canyon et sont tués par des Amérindiens. Ironie du sort, l'expédition de Powell sort indemne de la gorge le lendemain, après avoir réalisé la première exploration du Grand Canyon.

→ Pages suivantes **South Rim du Grand Canyon au crépuscule**

TOP 10 Venetian

Quelques mois après la création du Bellagio (p. 14-15), Sheldon Adelson était prêt pour l'inauguration tant attendue de son ambitieux projet : le Venetian. L'hôtel reconstitue en partie le décor de Venise et il a inauguré, depuis son ouverture, plusieurs attractions inédites – une salle de spectacles, un night-club (p. 42) –, et de nouveaux restaurants. Bien qu'un peu artificielle, cette restitution de la ville italienne bénéficie d'une ambiance très exaltante.

Arcade du Venetian

🍴 Offrez-vous un repas au Postrio de Wolfgang Puck, désigné par *Hotels Magazine* comme « l'un des dix meilleurs restaurants du monde ».

🌀 Il est presque aussi amusant – et beaucoup moins cher – d'observer les gondoliers que de faire une promenade en gondole.

Visitez le Venetian un soir de pleine lune quand la foule s'est dispersée : il est stupéfiant au clair de lune.

• Plan P2 • 3355 Las Vegas Blvd. S
• 702 414 1000 ou 888 283 6423
• www.venetian.com
• $$$$$ suites seul.

À ne pas manquer

1 Architecture et ambiance
2 Hall
3 Grand Canal
4 Place Saint-Marc
5 Canal Shoppes
6 Restaurants
7 Musée de cire de Mme Tussaud
8 Événements spéciaux
9 Palazzo Las Vegas
10 Casino

1 Architecture et ambiance

La rencontre de la splendeur vénitienne et du faste de Las Vegas est assez spectaculaire. Si le Grand Canal du Venetian coule sur seulement 350 m, le manque d'authenticité est largement compensé par l'atmosphère festive qui y règne.

2 Hall

Des reproductions de fresques encadrées d'or 24 carats ornent les voûtes et les coupoles du plafond. Sols en marbre, colonnes classiques, courtisans en costume et panorama géant de la véritable Venise plongent les visiteurs au cœur de l'Italie romantique.

3 Grand Canal

Plutôt qu'un bateau, louez la gondole nuptiale du Venetian pour votre cérémonie de mariage. Vous pouvez même passer sous le pont du Rialto.

Autres hôtels à thème p. 32-33
Catégories de prix p. 89

Canal Shoppes
5 Les boutiques des rives du canal *(p. 53 et ci-contre)* conviennent à tous les goûts : accessoires de magicien chez Houdini, cornets de glace chez Häagen Dazs, perles chez Mikimoto et vêtements de sport chic chez Banana Republic. Déplacez-vous en gondole ou flânez dans la longue allée qui relie les boutiques.

Restaurants
6 De célèbres chefs tiennent d'excellents restaurants au Venetian : Wolfgang Puck au Postrio (cuisine méditerranéenne), Emeril Lagasse au Delmonico Steakhouse, dans le TAO Asian Bistro and Nightclub *(p. 42)* et Joachim Splichal à Pinot Brasserie (cuisine française et californienne).

Musée de cire de Madame Tussaud
7 Abrité dans un bâtiment inspiré de la bibliothèque de la place Saint-Marc, ce musée *(ci-dessus)* a été inauguré en 1999. Certains trouvent les mannequins encore plus ressemblants que ceux du musée londonien original *(p. 28-29)*.

Palazzo Las Vegas
9 Ce stupéfiant casino-hôtel, inauguré en 2008, ne possède que des suites. Il comporte des magasins, des restaurants et un night-club.
Il propose de nombreuses distractions, surtout des spectacles.

Casino
10 Dans le palais des Doges, le casino dispose de 110 tables de jeu et de 2000 machines à sous. La salle des gros parieurs, ou « Renaissance Room », est tapissée d'œuvres de Titien, de Tiepolo et du Tintoret. Des chanteurs costumés tentent de couvrir le bruit des machines.

Course d'obstacles
Du travail de l'architecte à l'inauguration, la création d'un casino-hôtel est un long processus. Les plans doivent recevoir l'approbation de l'administration municipale et des commissaires du comté, mais ce sont les propriétaires et les directeurs du casino qui subissent l'examen le plus rigoureux. Ils sont contrôlés par la Nevada Gaming Commission et soumis à une vérification approfondie de leurs antécédents avant de recevoir leur licence de jeu.

Place Saint-Marc
4 La topographie des lieux n'est pas tout à fait conforme à l'original, mais qu'importe ! L'ensemble est esthétique et harmonieux, et bien plus agréable que de nombreux complexes hôteliers plus récents.

Événements spéciaux
8 Selon l'époque de l'année, on peut y voir le gala du Super Bowl, des diners VIP ou des défilés de dragons au Nouvel An chinois.

 Autres musées **p. 44-45**

21

10 Wynn Las Vegas

Le Wynn Las Vegas accroche l'œil d'emblée. Bâti sur le site du légendaire Desert Inn, autrefois propriété de Howard Hughes, le dernier-né des complexes hôteliers du Strip a été conçu pour attirer les joueurs les plus dépensiers. De l'extravagance des villas et des terrains à la magnificence de la salle de montre Maserati-Ferrari et des chutes d'eau, l'opulence règne. Les nouvelles suites de la Wynn tower renforcent le luxe de ce complexe. Les jardins, avec montagne artificielle et petit lac, sont spectaculaires.

Poolside Cabana

🍽 **The Buffet** propose la restauration la plus variée – des sushis au steak – du Wynn Las Vegas ; le tout sous forme de buffet. Petit déjeuner : 17,95 \$; lunch : 21,95 \$; dîner : 33,95 \$ (dim.-jeu.) et 37,95 \$ (ven.-sam.) ; brunch le week-end : 34,95 \$ avec champagne.

👟 **Chaussez** des souliers de marche pour explorer le complexe, immense.

On trouve des repas moins coûteux dans plusieurs restaurants situés en face, au Fashion Show Mall.

• Plan Q2
• 3131 Las Vegas Blvd. S • 702 770 7100, 1 800 320 9966 (appel gratuit)
• www.wynnlasvegas. com
• \$\$\$\$\$ (catégories de prix en p. 89).

À ne pas manquer

1. Casino
2. Le Rêve
3. Suites
4. Repas raffinés
5. Parcours de golf
6. Tryst
7. L'Esplanade
8. Chapelles
9. Jardins
10. Spa

1 Casino

Ce casino de plus de 10 000 m² est plus convivial que ses dimensions le laisseraient croire. Les enjeux aux machines à sous ou aux jeux de table sont plus élevés que dans les autres casinos, attirant une clientèle haut de gamme. Le décor est éblouissant, avec ses rideaux dans des tons naturels qui étouffent les bruits, et on n'y trouvera ni néon ni lumière clignotante.

2 Le Rêve

Ce chef-d'œuvre aquatique est signé Franco Dragone, qui a aussi travaillé avec le Cirque du Soleil. Cette production époustouflante mêle costumes magnifiques, acrobaties à couper le souffle, nage synchronisée raffinée et tours comiques. La scène est entourée de toute part par les spectateurs : il n'y a donc pas de mauvaises places. Toutefois, sachez que les gens des rangées A à C se font toujours éclabousser par les artistes. Prenez vos précautions !

Autres hôtels à thème **p. 32-33**
Catégories de prix **p. 89**

Suites
Le mur de façade constitué des fenêtres de ces 300 suites donne sur le Strip, sur les terrains de golf ou sur les montagnes. Ces suites très spacieuses disposent de lecteurs DVD et de téléviseurs à écran plat dans la salle de séjour ainsi que dans la salle de bains.

Repas raffinés
Les restaurants du Wynn emploient des chefs célèbres qui préparent les plats les plus savoureux de la ville. Le chef Okada est réputé pour son carpaccio de bœuf de Kobe et son anguille barbecue, alors qu'Alex monte les assiettes des meilleures spécialités françaises.

Parcours de golf
Le propriétaire Steve Wynn et le golfeur Tom Fazio ont élaboré cet immense golf. Il a fallu déplacer plus de 800 000 m³ de sable ainsi que de nombreux arbres. En outre, de nombreux éléments ont été construits dont une spectaculaire chute d'eau, haute de 10 m, sous laquelle on passe en quittant le 18e trou.

Tryst
Le Tryst est la plus raffinée des boîtes de nuit de la ville, avec ses majestueux escaliers de marbre, ses murs décorés de rideaux de soie rouge et sa chute d'eau autour de laquelle s'étend un patio. Il en coûte au moins 450 $ pour 3 personnes, mais on peut toutefois acheter au bar des consommations à un prix plus abordable.

L'Esplanade
Vous pouvez faire du lèche-vitrines à travers le chrome, le verre et les métaux brillants des boutiques de luxe, et voir des objets somptueux provenant de chez Cartier, Oscar de la Renta, Judith Leiber ainsi que de chez Manolo Blanik. Un détaillant Ferrari-Maserati est à côté.

Chapelles
Pour ceux qui désirent se marier à Las Vegas, il y a 2 chapelles avec entrée privée réservées spécialement à cet effet, ainsi que des chambres nuptiales. Le Lilac Salon peut accueillir 65 personnes, tandis que le Lavendar Salon en reçoit 120. Le Primrose Court propose un décor romantique pour un mariage à l'extérieur.

Jardins
Les jardins du Wynn sont splendides, quelle que soit la saison. On trouve partout de magnifiques arbres, des parterres en fleurs et des haies bien taillées.

Spa
Les clients du Wynn peuvent aller se reposer au Spa, dans l'une des 45 chambres de soin, décorées de fleurs et de papier peint (ci-dessous), ou recevoir ces soins dans leur chambre même.

Steve Wynn
Steve Wynn est sans doute l'homme qui a le plus contribué à façonner l'aspect du Strip de Las Vegas. Ce magnat des maisons de jeu a ouvert le Mirage en 1989 et permis ainsi l'avènement d'une ère nouvelle dans l'univers du jeu. En inaugurant le Bellagio 9 ans plus tard, il lançait la vague des complexes hôteliers d'une envergure nouvelle, décrivant son dernier-né comme « la construction la plus chère, la plus complexe et la plus ambitieuse jamais érigée ».

Autres boutiques et galeries marchandes **p. 52-53**

10 Red Rock Canyon

Il y a 225 millions d'années, Red Rock Canyon était entièrement recouvert par une mer intérieure. Celle-ci s'assécha, et l'escarpement, les formations et les grottes furent sculptés par le vent et la pluie. À seulement 16 km à l'ouest de Las Vegas, cette magnifique région désertique est un secteur sauvegardé, protégé de l'expansion de la ville depuis 1990. Si la route panoramique de 21 km qui part de la Highway 159 offre de belles vues, c'est à pied qu'il vaut mieux découvrir cette partie du désert Mojave.

Lézard du désert

🍴 **Dans l'un des Einstein Bagels de Las Vegas, achetez de quoi faire un pique-nique sur l'aire de Willow Spring.**

♿ **Des sentiers adaptés aux fauteuils roulants partent du Visitor Center, à Willow Spring et à l'Overlook.**

Un permis délivré par le Visitor Center est nécessaire pour passer la nuit sous la tente ou pratiquer l'escalade dans le canyon.

Prenez les précautions d'usage quand vous visitez une zone désertique (p. 133).

• Plan T2 • 35 km à l'O de Las Vegas • Visitor Center, 1000 Scenic Drive, ouv. 7h-17h • 702 515 5350 • www.redrockcanyon. blm.gov • EP 5 \$ par véhicule • emplacement de camping 10 \$ par nuit et par site.

À ne pas manquer

1 Red Rock Vista
2 Visitor Center
3 Randonnées pédestres et guidées
4 Tortue du désert
5 Sentier de découverte pour les enfants
6 Pétroglyphes et pictogrammes
7 Thirteen-Mile Drive
8 Librairie
9 Fouette-queue du désert
10 Tinajas

Red Rock Vista
Ce belvédère (à environ 1,6 km après la bifurcation de la Highway 159 vers le canyon) donne sur l'escarpement de Red Rock, qui surplombe le fond de la vallée d'une hauteur vertigineuse de 1 000 m. Au lever et au coucher du soleil, les couleurs de ce grès aztèque sont éblouissantes.

Visitor Center
Le Visitor Center *(ci-dessous)* dispense cartes et renseignements. La terrasse d'observation dispose de télescopes pour admirer les paysages. Le musée, doté d'audioguides en français, est dédié à la géologie et à l'histoire naturelle.

Elephant Rock, Calico Hills

Randonnées pédestres et guidées
Le canyon offre plus de 50 km de sentiers de randonnée. Les plus fréquentés mènent à Ice Box Canyon (qui mérite son nom de « canyon du frigidaire ») et à Oak Creek. Les itinéraires guidés s'attachent souvent à la flore ou à la géologie.

Autres parcs et réserves près de Las Vegas **p. 98-109**

4 Tortue du désert
Cette tortue à carapace brune a une espérance de vie de 100 ans ! Elle creuse son terrier dans le désert et passe au moins 95 % de sa longue vie sous terre. Curieusement, le spécimen adulte peut subsister un an sans boire une goutte d'eau !

6 Pétroglyphes et pictogrammes
Le secteur de Willow Spring est orné de passionnantes sculptures et peintures rupestres préhistoriques. Les premiers habitants de la région pratiquant la chasse et la cueillette, les symboles gravés et peints sont probablement lié à la recherche de nourriture, mais leur signification exacte reste inconnue.

9 Fouette-queue du désert
Fréquent dans l'ouest des États-Unis, ce petit lézard au museau pointu et à la langue fourchue se nourrit de termites, d'araignées, de scorpions, de mille-pattes et autres lézards. Il possède 4 ou 5 bandes claires sur le dos et un ventre jaune ou beige tacheté de noir.

10 Tinajas
Courantes dans les Calico Hills et à White Rock Spring, les tinajas sont des citernes rocheuses naturelles qui recueillent l'eau de pluie. La faune vient s'y abreuver et l'on peut y prendre de belles photos.

7 Thirteen-Mile Drive
La principale route panoramique *(ci-dessus)*, à sens unique, englobe les monts Rainbow et Bridge, et les Calico Hills. Les points de vue sont signalés en chemin. Des aires de pique-nique sont installées à Willow Spring et Red Spring, et la plupart des sentiers de randonnée sont accessibles des parkings.

8 Librairie
La librairie du Visitor Center couvre la flore, la faune et la géologie locales. Elle propose d'excellents livres pour enfants sur le thème du Sud-Ouest américain, mais les ouvrages sont tous en anglais.

5 Sentier de découverte pour les enfants
Le Visitor Center dispose d'un programme jeunesse très complet (en anglais), qui comprend des livres éducatifs et un manuel d'accompagnement gratuit pour le Children's Discovery Trail. Près de Willow Creek, ce sentier amusant de 1,6 km mène à Lost Creek. Les aspects les plus intéressants du circuit sont indiqués en cours de route.

Vélo tout-terrain
La piste Red Rock-Wilson Cliff Loop, longue de 65 km, est réservée aux VTT et se prolonge sur 1,6 km jusqu'au panorama du pic nord au sommet des Wilson Cliffs. Comptez 5 à 8 h pour effectuer ce trajet classé très difficile, qui offre de magnifiques vues des Sandstone Bluffs et de Red Rock Canyon. D'autres pistes sont en totalité à l'intérieur de Red Rock. La piste Bristlecone Pine se trouve dans Spring Mountain Recreation Area, une autre traverse Blue Diamond et revient à Las Vegas.

10 Forum Shops at Caesars

Opales d'Australie, espèces animales en voie d'extinction, haute couture, objets d'art : on trouve absolument de tout dans les 160 boutiques de l'incroyable centre commercial du Caesars Palace. Les visiteurs qui souhaitent simplement faire du lèche-vitrines ou admirer les fontaines, arches et colonnes du Forum peuvent flâner très tôt le matin dans les allées, qui restent ouvertes jour et nuit.

Cheesecake Factory

🍽 Déjeunez dans un restaurant avec terrasse pour regarder passer les parades du Forum.

🚗 Prenez le plan du Forum au bureau d'accueil du Las Vegas Convention & Visitors Authority *(p. 115)*.

Vous gagnerez du temps en allant à pied du parking aux boutiques, sans traverser l'immense casino.

Si vous voyagez avec des jeunes, visitez le magasin de jouets préférés des enfants : FAO Schwarz.

- Plan P1-2
- Caesars Palace, 3570 Las Vegas Blvd. S
- 702 893 4800
- boutiques ouv. lun.-ven. 10h-23h, sam.-dim. 10h-minuit
- réservation restaurant 702 731 7731
- www.caesars.com

À ne pas manquer

1. Festival Fountain
2. Lost City of Atlantis
3. Voûte céleste
4. Chinois (restaurant)
5. Mode et design
6. FAO Schwarz
7. Planet Hollywood
8. Spago (restaurant)
9. 3-D Motion Simulator
10. Cheesecake Factory

Festival Fountain
Principale attraction du Forum à ses débuts en 1992, cette étonnante fontaine est gardée par 4 statues de notables romains qui, toutes les heures à compter de 11 h, s'animent et discutent de l'époque de l'Empire romain.

Lost City of Atlantis
Créée en 1997, cette Atlantide *(ci-dessous)* est le point d'orgue de la partie récente du complexe. Une statue de Poséidon domine un immense monument circulaire doté d'un aquarium de 227 000 litres, où évoluent des espèces rares de poissons de l'Atlantique. Ceux-ci font l'objet d'un spectacle donné toutes les demi-heures à partir de 11 h 30.

La voûte céleste du Forum

Voûte céleste
Un ciel changeant est projeté au plafond du Forum : le soleil brille le matin, quelques nuages flottent l'après-midi et les étoiles scintillent le soir.

Chinois (restaurant)
Cuisines asiatique et française se côtoient au Chinois de Wolfgang Puck. Bœuf du Sichuan au charbon de bois, homard frit au wok et poisson-chat entier sont accommodés à la française *(p. 47)*.

Autres boutiques et galeries marchandes p. 52-55 et p. 116

5 Mode et design
Depuis 2008, le centre commercial a encore gagné en superficie. Les enseignes aux noms de grands couturiers – Fendi, Gucci ou Valentino – confirment le slogan de ce centre : « royaume des achats du monde ».

6 FAO Schwarz
On pénètre dans le magasin de jouets FAO Schwarz en traversant l'énorme cheval de Troie qui orne l'entrée.
À l'intérieur, le choix est époustouflant : Playmobils, maisons de poupées, Barbies de collection, figurines à l'effigie de superhéros, mais aussi jeux électroniques, jouets animés ou meubles pour enfants, il y en a pour tous les goûts et tous les âges. Cette boutique est en général très appréciée des enfants.

7 Planet Hollywood
Cet immense restaurant est l'un des plus vastes dépôts de souvenirs hollywoodiens.
Orné d'affiches de cinéma et de photos de stars, il expose notamment des costumes portés dans des films célèbres, des accessoires et toutes sortes d'objets liés au 7e art. La cuisine californienne propose des sandwichs et des salades insolites.

8 Spago (restaurant)
Premier restaurant du célèbre chef Wolfgang Puck à Las Vegas, le Spago a mis la gastronomie à l'honneur, au détriment des fameux buffets traditionnels de la ville *(p. 48-49)*.
Cet établissement sophistiqué propose en alternance des plats du jour étonnants, comme le canard à la polenta rôti à l'ail.

9 3-D Motion Simulator
Ce simulateur de mouvements en 3 dimensions propose 4 promenades détonantes à effectuer avec des lunettes spéciales : un parcours en vaisseau spatial dans la galaxie, une course sous-marine vers le pôle Sud, des montagnes russes à vous couper le souffle et un cimetière hanté. Ces deux dernières attactions étant déconseillées aux âmes sensibles. Billets collectifs et individuels.

10 Cheesecake Factory
Le menu de ce restaurant décline tous les styles en plus de 200 plats. On peut déguster de tout : tortillas accompagnées de toutes sortes de sauces, *bruschetta,* poulet *teriyaki* à la banane, à l'ananas et au sucre brun, spécialités Tex Mex, *cheesecake* triple chocolat au brownie et à la truffe...

Commerce ou divertissement ?
Dans la plupart des villes américaines, faire des achats est une activité en soi. Ce n'est pas le cas à Las Vegas, où le shopping est associé au divertissement. Au Forum Shops et dans certains nouveaux hôtels, incluant le Paris et le Venetian, musiciens, chanteurs, mimes et autres artistes déambulent dans les galeries marchandes pour amuser les visiteurs. Ces spectacles gratuits contribuent à l'ambiance festive et prestigieuse des lieux *(p. 52-53)*.

Autres renseignements sur le Caesars Palace **p. 32**

TOP 10 Musée de cire de Madame Tussaud

À Las Vegas, tout est démesuré, surtout chez Madame Tussaud (dans l'hôtel Venetian) où les figures de cire sont 2 % plus grandes que leur modèle en chair et en os, la cire se rétractant avec le temps. Dans un souci d'authenticité, leurs nombreux vêtements et accessoires ont été achetés à des célébrités dans des ventes aux enchères. Les bijoux sont régulièrement astiqués, les cheveux lavés et le maquillage retouché, et leurs vêtements sont souvent nettoyés.

Entrée du musée Madame Tussaud

🍽 Pour déjeuner sur le pouce, allez au Food Court du Venetian.

🕐 Pour éviter la foule, arrivez dès l'ouverture du musée et visitez les salles en sens inverse.

Prévoyez du temps pour flâner à la boutique de cadeaux : elle réserve souvent de bonnes surprises.

• Plan P2
• St Mark's Library Building à l'intérieur de l'hôtel Venetian, 3377 Las Vegas Boulevard S.
• www.mtvegas.com
• ouv. dim.-jeu. 10h-19h, ven.-sam. 10h-22h
• 702 862 7800
• EP 24 $ pour les adultes, 18 $ pour les seniors, 14 $ pour les 7-12 ans.

À ne pas manquer

1. Frank Sinatra
2. Las Vegas Legends
3. Big Night
4. Sports
5. Rock N' Pop
6. Madame Tussaud's Story
7. Final
8. Photos-souvenirs
9. Bâtiment
10. Boutique de souvenirs

Frank Sinatra

Avant la salle consacrée aux légendes du spectacle, on retrouve un Sinatra jeune et svelte (à droite) qui se produit sur la scène du vieil hôtel Sands. Enregistrements des grands succès de Sinatra et accessoires de scène recréent l'ambiance des années 1950.

Las Vegas Legends

Cette section, assez émouvante, abrite les monstres sacrés du show-biz : entre autres célébrités, Louis Armstrong discute avec Ella Fitzgerald, et Marilyn Monroe est troublante de réalisme dans une robe pailletée.

Frank Sinatra

Big Night

La liste des invités à ce gala hollywoodien est impressionnante. On y croise les doubles d'Arnold Schwarzenegger (franchement immense avec ses 2 % supplémentaires), Shirley MacLaine, Whoopie Goldberg, Paul Newman et Elizabeth Taylor (*à gauche*), dotée de vrais cheveux.

Sports

Les doubles de cire des vedettes du sport sont pour la première fois réunis dans cette salle de Madame Tussaud. Les athlètes mythiques côtoient, entre autres, les grands du tennis et de la boxe. Parmi les carrures de tous ces sportifs, la gymnaste russe Olga Korbut semble minuscule.

Madame Tussaud's Story

On y apprend tout sur la fabrication des figures de cire *(ci-dessus)*. Elle implique une grande rigueur : prise des mesures précises du modèle, restitution de sa dentition, de la couleur de son teint, de ses yeux et de ses cheveux.

Final

Le final rend un très théâtral hommage à Las Vegas, par le biais d'une installation multimédia de pointe avec musique, clips et la participation spéciale d'Elvis.

Photos-souvenirs

Une photo aux côtés du mannequin de cire de votre idole est un souvenir incontournable à rapporter d'une visite au musée Madame Tussaud.

Rock N' Pop

Cette partie regroupe les stars de la musique des 40 dernières années, tels Stevie Wonder, Michael Jackson ou Bruce Springsteen. Une occasion pour les fans de pouvoir les approcher. Vidéo et musique contribuent à l'ambiance.

Bâtiment

Cette réplique à échelle réduite de la bibliothèque de la place Saint-Marc à Venise reprend le thème de la copie, dans le style majestueux de Las Vegas.

Boutique de souvenirs

Elle est presque aussi amusante que le musée. Idéale pour les enfants ou pour se constituer un déguisement, car on y trouve toutes sortes d'accessoires de stars. Dans un registre différent, un rayon destiné aux fervents amateurs de chocolat propose divers articles de « chocothérapie ».

Mme Tussaud

Née à Strasbourg en 1761, Anne-Marie Grosholtz, future Mme Tussaud, hérite d'une série de personnages de cire, léguée par l'employeur de sa mère en 1794. Elle épouse un ingénieur civil, François Tussaud, et part pour la Grande-Bretagne où elle expose sa collection pendant 33 ans avant de l'installer à Londres. Les mannequins d'origine, détruits par un incendie, ont été recréés au musée londonien actuel et également dans le monde entier.

Renseignements sur l'hôtel Venetian p. 20-21

Gauche **Fort mormon** Centre **Le Rat Pack** Droite **MGM Grand**

🔟 Un peu d'histoire

1 1855 : fondation d'un comptoir commercial

Habitée depuis des siècles par les Amérindiens et visitée par les explorateurs espagnols en 1829, la région n'est peuplée qu'en 1855 quand des mormons dirigés par Brigham Young y fonde un comptoir commercial.

2 1931 : légalisation du jeu au Nevada

La législation des jeux d'argent est assouplie au Nevada en 1931, mais cette réforme ne fait qu'officialiser une pratique déjà très répandue et parfois même légale *(ci-dessus)*.

3 1935 : Roosevelt inaugure le Boulder Dam

Lancé en 1931, le plus grand projet de barrage hydroélectrique du XXᵉ s., rebaptisé plus tard Hoover Dam, est achevé 4 ans plus tard après avoir coûté la vie à 96 personnes *(p. 10-11)*.

4 Années 1940 : climatisation et irrigation

Grâce à la possibilité de rafraîchir les maisons et à la verdure géné-rée par l'irrigation, le désert du Nevada attire les promoteurs. En

1941, Tom Hull, un hôtelier de Los Angeles, achète un terrain à 5 km au sud du centre-ville pour 300 $ l'hectare et y bâtit le motel El Rancho, nouveau concept d'hé-bergement de 100 chambres.

5 25 décembre 1946 : Bugsy Siegel inaugure l'hôtel Flamingo

Quelques hôtels suivent l'exemple d'El Rancho, mais quand le truand Benjamin Siegel, dit « Bugsy », fait construire le Flamingo, le style Miami Beach, qui deviendra la griffe du Strip, supplante l'ambiance Far West de la ville.

6 1960 : le Rat Pack à Vegas

L'extravagant Flamingo est très imité dans les années 1950, et le divertissement devient l'un des atouts majeurs des nouveaux casinos. C'est ainsi qu'en 1960, Frank Sinatra se produit à l'hôtel Sands devant un public rassemblant ses amis, dont John F. Kennedy. Dès lors, la vie à Vegas est rythmée par les apparitions de la bande du chanteur, le Rat Pack, composée entre autres de Sammy Davis Jr, Dean Martin, Peter Lawford et Joey Bishop.

7 1966 : arrivée de Howard Hughes

La Summa Corporation de Hughes est l'un des principaux acteurs de l'industrie des casinos-hôtels au Nevada. Selon la légende, le milliardaire excentrique est arrivé un jour en ville en limousine pour s'enfermer dans sa suite du

Desert Inn, et y vivre plusieurs années en reclus, sans se couper les ongles ni les cheveux.

Howard Hughes

8 Années 1990 : début de l'ère des hôtels à thème

Dans les années 1970 et 1980, les hôtels deviennent plus grands et plus ostentatoires. En 1991, le MGM Grand, le Treasure Island et le Luxor, en forme de pyramide, sont les véritables initiateurs de l'hôtellerie à thème.

9 1998 : ouverture du Bellagio

L'hôtelier Steve Wynn redéfinit la notion de luxe à Las Vegas avec le splendide Bellagio *(p. 14-15)*. L'ancien propriétaire du groupe hôtelier Mirage (vendu à MGM en 2000) est considéré comme le créateur du complexe hôtelier moderne.

10 2009 : une nouvelle génération d'hôtels

Las Vegas est une ville en perpétuelle évolution. Dans un futur proche des complexes « villes » vont être édifiés, dont CityCenter. Echelon et Viva proposent un vaste choix de logements ainsi qu'un nombre incroyable de restaurants, magasins et lieux de distraction.

Hôtel Bellagio

Célébrités à Las Vegas

1 Céline Dion
En mars 2003, la chanteuse québécoise s'installe pour 3 ans à Las Vegas et se produit 5 fois par semaine au Colosseum du Caesars Palace.

2 Siegfried et Roy
Ces grandes figures de la magie arrivent au royaume du jeu dans les années 1960 et considèrent Las Vegas comme leur ville d'adoption.

3 Howard Hughes
Ce milliardaire marginal a fait fructifier son héritage dans le cinéma et le transport aérien avant de s'attaquer au jeu.

4 André Agassi
Né à Las Vegas en 1970, il a été l'un des plus grands champions de tennis.

5 Debbie Reynolds
Vedette de *Chantons sous la pluie*, elle possédait un casino-hôtel, musée de souvenirs hollywoodiens.

6 Surya Bonaly
L'ancienne championne de patinage artistique habite à Las Vegas.

7 Jerry Lewis
Le célèbre partenaire comique du chanteur Dean Martin se produit toujours en solo à Las Vegas.

8 Liberace
Le pianiste a débuté au Riviera en 1955. Devenu une icône de Las Vegas, il y a créé une fondation et un musée.

9 Wayne Newton
Le chanteur, qui débuta au Fremont en 1957 à 15 ans, se produit toujours à Las Vegas.

10 Clara Bow
Célèbre sous le nom de « It Girl », la star du cinéma muet qui habitait Las Vegas est connue pour ses liaisons avec Bela Lugosi et Gary Cooper.

Meilleurs casinos p. 36-37

Gauche **Venetian** Centre gauche **New York-New York** Centre droite **Caesars Palace** Droite **Excalibur**

Hôtels à thème

1 Venetian
Si le Venetian n'évoque pas vraiment la Venise authentique, l'ensemble de l'hôtel est une franche réussite d'un point de vue purement esthétique *(p. 20-21)*.

2 Caesars Palace
Inauguré en 1966, cet hôtel dédié à la Rome antique a longtemps été le plus somptueux et le plus ostentatoire du Strip. Il a dû néanmoins investir récemment des millions de dollars en rénovation pour conserver son prestige. De nouvelles statues ont été érigées sur la pelouse devant l'hôtel, et l'ancien théâtre Circus Maximus a été modernisé. En revanche, le bar lounge flottant Cleopatra's Barge n'a pas changé, et ses serveuses portent toujours la toge. ◈ *3570 Las Vegas Blvd. S • plan P1-2 • 800 634 6001 • www.caesars.com • $$$$.*

3 Mandalay Bay
Le Mandalay Bay plonge ses hôtes au cœur de l'Asie du Sud-Est depuis sa végétation luxuriante, ponctuée de petits temples et de pagodes, jusqu'aux boutiques, en passant par l'immense piscine, le bar-restaurant très branché Rumjungle *(p. 42)*. L'hôtel possède aussi une salle de spectacle *(p. 40)* et une salle de concerts, la House of Blues. ◈ *3950 Las Vegas Blvd. S • plan R1-2 • 877 632 7000 • www.mandalaybay.com • $$$.*

4 New York-New York
Sur le carrefour le plus animé de Las Vegas se côtoient les célèbres monuments de la ville qui ne dort jamais : la statue de la Liberté, l'Empire State Building, les tours CBS, le Chrysler Building, le Brooklyn Bridge, Grand Central Station et la New York Public Library. La reproduction est assez libre, mais l'endroit reste passionnant. ◈ *3790 Las Vegas Blvd. S • plan R1-2 • 888 696 9887 • www.nynyhotelcasino.com • $$.*

Hard Rock Hotel

5 Hard Rock Hotel
Avec une immense guitare en guise d'enseigne et l'énorme lustre orné de saxophones, cet hôtel est intégré au groupe Hard

Spectacle des Sirènes du TI

Catégorie de prix **p. 74**

Rock. Des objets liés au rock'n'roll sont exposés jusque dans ses moindres recoins, et la musique d'ambiance est, bien évidemment, conforme au thème annoncé. La salle de spectacle a reçu des stars incontournables. ✪ *4455 Paradise Rd. • plan Q3 • 702 693 5000 • www.hardrockhotel.com • $$$$.*

TI

Cet hôtel somptueux comprend une piscine tropicale avec cabines privées, des chambres de jeu ainsi qu'un énorme spa pouvant accueillir 50 personnes. Tous les soirs, les Sirènes du TI attirent les visiteurs avec leurs combats à l'épée, leurs plongeons périlleux et leurs effets pyrotechniques. Un pont piétonnier relie l'hôtel au Fashion Show Mall *(p. 52)*. ✪ *3300 Las Vegas Blvd. S • plan P2 • 702 894 7111 • www.treasureisland lasvegas.com • $$$.*

Circus Circus

Planet Hollywood

Ce complexe avec casino ultramoderne est très bien situé près du Strip.
Les 2600 chambres séduiront les cinéphiles, tandis que les distractions nocturnes attirent une foule branchée.
Le complexe comporte aussi un spa, 2 piscines et un théâtre de 1500 places. ✪ *3667 Las Vegas Blvd. S • plan Q2 • 866 919 7472 • www. planethollywood.com • $$$.*

Paris Las Vegas

Si la tour Eiffel en version réduite reste impressionnante, la Ville lumière perd au change dans ce transfert à Las Vegas. Le service est agrémenté de petits clins d'œil à une certaine idée de Paris, comme le livreur à vélo et le jovial « bonjour »

Paris Las Vegas

(en français !) du voiturier.
✪ *3655 Las Vegas Blvd. S • plan Q2 • 702 946 7000 • www.paris-lv.com • $$$.*

Circus Circus

Comme son nom l'indique, cet hôtel-casino possède le plus grand cirque permanent au monde ainsi qu'un parc thématique de 20 hectares *(p. 71)*.

Excalibur

L'Excalibur fut l'un des premiers hôtels à thème (1990) et reste le favori des enfants.
Le décor, de la galerie de jeux à la chapelle nuptiale de l'étage « Fantasy Faire », est inspiré de la légende du roi Arthur. ✪ *3850 Las Vegas Blvd. S • plan R1-2 • 702 597 7777 • www.excaliburcasino.com • $$.*

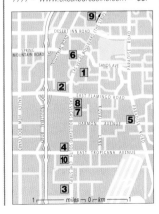

Pages suivantes Caesars Palace et le Forum Shops at Caesars

Gauche **Arizona Charlie's** Centre **Fiesta Rancho** Droite **Harrah's Las Vegas**

Casinos

un atout pour les amateurs de calme. Les joueurs qui souhaitent faire une pause peuvent se promener dans les jardins luxuriants, entrer dans l'un des 8 restaurants ou faire du lèche-vitrines. ❧ *221 N Rampart Blvd. • plan A3 • 702 869 7777 ou 877 869 8777 • www.marriot.com*

Rio
Avec ses couleurs gaies, ses serveuses en costume à volants et son personnel avenant, le Rio *(ci-dessus)* est apprécié des habitants comme des visiteurs. Sa cuisine est considérée comme la meilleure des casinos de la ville. Le vidéo poker y est le jeu le plus pratiqué, sans doute à cause des téléviseurs miniatures fixés sur certaines machines. ❧ *3700 W Flamingo Ave. • plan C4 • 800 752 9746 • www.harrahs.com*

Santa Fe Station
Les claustrophobes apprécient dans ce casino moderne la hauteur de plafond et les quelques machines proches de l'entrée principale. Des travaux importants ont ajouté des places de stationnement, des équipements sportifs et de nouveaux restaurants, comme le Salt Lick BBQ. ❧ *4949 N Rancho Drive • plan A1 • 702 658 4900 ou 866 767 7771 • www.stationcasinos.com*

Monte Carlo
L'édifice évoque son homonyme européen, mais l'intérieur est typique de Las Vegas, avec les machines et les tables de jeu habituelles. Le club de machines à sous est vraiment agréable. ❧ *3770 Las Vegas Blvd S. • plan Q2 • 800 311 8999 ou 702 730 7777 • www.monte-carlo.com*

Monte Carlo

Harrah's
C'est l'un des grands noms de l'industrie du jeu. Avec plus d'une douzaine d'établissements aux États-Unis, Harrah's offre un bon rapport qualité-prix pour le service, la cuisine et l'ambiance, ainsi que les meilleurs lots pour les joueurs des machines à sous. La carte du club étant valable dans tous les casinos du groupe, elle est idéale pour ceux qui aiment jouer où qu'ils aillent. ❧ *3475 Las Vegas Blvd. S • plan P2 • 702 369 5000 • www.harrahs.com*

J. W. Marriott Las Vegas
Le casino de cet établissement raffiné de style western est petit et peu bruyant,

Autres casinos **p. 88 et p. 97**

6 Loews Lake Las Vegas

Situé à 27 km de Las Vegas, le casino Loews Lake Las Vegas est assez calme, car il accueille essentiellement les clients de l'hôtel qui profitent du golf dans la journée. Même le soir, lorsqu'il se remplit, il ne semble jamais bondé, ce qui est un gros avantage pour les amateurs de tranquillité.

Golden Nugget, Fremont Street

⊗ 101 Montelago Blvd.
• plan H4 • 702 567 6000
• www.laoewshotels.com

7 Fiesta Rancho

Si le décor est quelconque, les machines à sous et de vidéo poker seraient les plus généreuses de la ville. Une section de paris sportifs « drive-in » permet de jouer sans même sortir de sa voiture. Les restaurants étant proches du casino, les joueurs invétérés ne perdent pas de temps à se nourrir.

⊗ 2400 N Rancho Drive
• plan B2 • 702 631 7000
• www.fiestacasino.com

8 Golden Nugget

La clientèle et l'ambiance de ce casino le distinguent de ses voisins du centre-ville. Les restaurants sont excellents et le cadre très agréable. Fremont Street Experience *(p. 79)* a lieu juste devant cet établissement.

⊗ 129 E Fremont St.
• plan K4 • 800 846 5336
• www.goldennugget.com

9 Sunset Station

Fréquenté principalement par les habitants de Las Vegas, Sunset Station est juste en face de la galerie marchande Galleria at Sunset. Le casino, clair et bien aéré, dispose d'une garderie (Kids' Quest). ⊗ 1301 W Sunset Rd., Henderson • plan F6 • 702 547 7777
• www.stationcasinos.com

Sunset Station

10 Arizona Charlie's

Ce casino western est réputé pour sa salle de bingo. Les paris sur les sports et les courses sont pris dans un vaste hall. Comme souvent dans les casinos fréquentés par les résidents, le personnel est avenant. ⊗ 740 S. Decatur Blvd • plan B3 • 702 258 5200 • www.arizonacharlies.com

Gauche **Les Folies-Bergère** Centre *Kà* Droite *Blue Man Group*

Spectacles

1 O

Présenté par le Cirque du Soleil, *O* est un spectacle unique en son genre, créé autour du thème de l'eau. Acrobates, plongeurs et nageurs synchronisés s'exécutent sur l'eau, sous l'eau aussi bien que dans les airs. Pendant la représentation, le niveau de l'eau monte et descend grâce à 7 monte-charge hydrauliques, pour permettre plongeons spectaculaires et autres prouesses.

O par le Cirque du Soleil

🔊 *Bellagio, 3600 Las Vegas Blvd. S • plan Q1-2 • 702 796 9999 pour les billets.*

2 Mystère

Créé spécialement pour le TI (Treasure Island), *Mystère* est un spectacle enchanteur parcouru, comme toutes les productions du Cirque du Soleil, par une onde mystique. Les costumes novateurs et colorés ainsi que les danses époustouflantes et les éclairages vibrants font de ce spectacle une expérience mémorable.

🔊 *TI, 3300 Las Vegas Blvd. S • plan P2 • 702 796 9999 pour les billets.*

3 Lance Burton : Master Magician

Même les plus réticents à la magie sont séduits par ce spectacle. Burton est un prestidigitateur attachant dont les tours sont très impressionnants. Les enfants sont ravis quand il les invite à monter sur scène pour participer à ses tours. Conçu spécialement pour le spectacle, le théâtre de style victorien s'inspire de ceux du West End de Londres. 🔊 *Monte Carlo, 3770 Las Vegas Blvd. S • plan Q2 • 702 730 7160.*

4 KÀ

Ce spectacle innovateur du Cirque du Soleil allie performances acrobatiques, arts martiaux, marionnettes, projections multimédia et pyrotechnie. Il s'inspire de la croyance égyptienne dans le « kà », selon laquelle un esprit invisible accompagnerait chaque être humain tout au long de sa vie.

Mystère, TI

Autres spectacles p. **118-119**

Ce thème est développé à travers l'histoire de jumeaux qui se lancent dans une aventure périlleuse vers des terres inconnues pour accomplir leur destin. Cette pièce, qui met en scène 80 artistes de talent sur une scène en constant changement, est époustouflante. ✪ *MGM Grand, 3799 Las Vegas Blvd. S • plan R2 • 702 891 7777 ou 1800 929 1111 (numéro gratuit) • www.ka.com*

Danny Gans

Cet imitateur exceptionnel au répertoire de 300 voix a quitté The Mirage pour le Encore Suites. Chanteur comédien aux multiples talents, il a été nommé l'« amuseur de l'année » à Las Vegas. ✪ *Encore Suites au Wynn Las Vegas, 3131 Las Vegas Blvd. S • plan R2 • 702 770 9966.*

Jubilee

Ce spectacle offre un mélange étonnant de numéros classiques et plus originaux. Les artistes, dans des costumes somptueux, dansent à la perfection sur de belles mélodies. Les effets spéciaux, comme le naufrage du *Titanic*, sont incroyablement réussis. ✪ *Bally's, 3645 Las Vegas Blvd. S • plan Q2 • 702 946 4567.*

Blue Man Group

Dans ce spectacle original, drôle et définitivement d'avant-garde, trois hommes bleus tout chauves entraînent le public dans une aventure sensorielle par le biais du théâtre – notamment du vaudeville – et des percussions. Un spectacle unique en son genre. ✪ *The Venetian 3355 Las Vegas Blvd. S • plan R1 • 800 258 3626.*

The Beatles LOVE

Le Cirque du Soleil combine sa magie avec l'esprit exhubérant et la musique

Jubilee, Bally's Hotel

intemporelle de l'un des groupes les plus aimés au monde. ✪ *The Mirage, 3400 Las Vegas Blvd. S • plan P1-2 • 702 791 7111.*

Folies-Bergère

Ce spectacle, qui a débuté en 1979, un siècle après l'inauguration de la production parisienne, remporte le record de longévité à Las Vegas. Comme l'original, il est basé sur les girls *glamour* aux tenues pailletées… Les numéros sont somptueux et la musique envoûtante. Chaque soir, le premier spectacle est destiné aux familles tandis que le deuxième est plus dénudé. ✪ *Tropicana Hotel, 3801 Las Vegas Blvd. S • plan R2 • 702 739 2417.*

STOMP OUT LOUD

Un spectacle hilarant dans lequel les acteurs créent des sons mélodieux et rhythmiques avec des objets inhabituels. Un spectacle pour un public de tous les âges. ✪ *Planet Hollywood Resort and Casino, 3667 Las Vegas Blvd. S • plan Q2 • 702 785 5555.*

➲ *Divertissements gratuits p. 76*

Gauche **Thomas and Mack Center** Centre **Le Théâtre des Arts** Droite **Judy Bayley Theater**

🔟 Salles de spectacle

1 Hollywood Theater et Grand Garden Arena

Des têtes d'affiches comme Tom Jones et David Copperfield ou des musiciens comme Donny et Marie Osmond se produisent régulièrement au Hollywood Theater de 630 places. Le Garden Arena (15 200 places) accueille des concerts de vedettes et des événements sportifs majeurs. La salle abrita le Millenium Concert de Barbra Streisand le 31 décembre 1999 (le billet coûtait de 2 500 $). ◈ MGM Grand Hotel, 3799 Las Vegas Blvd. S • plan R2 • 800 646 7787.

Hollywood Theater

2 Mandalay Bay Events Center

Depuis l'inauguration de ce complexe de 12 000 places par Luciano Pavarotti en 1999, des artistes aussi différents que le ténor Andrea Bocelli, Ricky Martin et Bette Midler s'y sont produits. Le programme est parfois exceptionnellement éclectique : la salle a déjà accueilli un combat de boxe entre Evander Holyfield et John Ruiz, la patineuse

Katarina Witt dans *Kisses on Ice* ou encore des concerts du groupe des Destiny's Child. ◈ Mandalay Bay Hotel, 3250 Las Vegas Blvd. S • plan R2 • 702 632 7777.

3 The Showroom à Planet Hollywood

Situé au Planet Hollywood Resort and Casino *(p. 33)*, cette salle de 1 500 places a été rénovée pour accueillir le spectacle permanent STOMP OUT LOUD. Elle a auparavant accueilli plusieurs productions prestigieuses comme *Forever Swing, Fosse* et *Les Misérables*. ◈ Planet Hollywood Resort and Casino, 3667 Las Vegas Blvd. S • Plan Q2.

4 Sam Boyd Stadium

Le stade accueille certains des plus grands spectacles et manifestations sportives du pays, mais aussi des concerts. Depuis sa construction en 1971, sa capacité a été peu à peu portée à 40 000 places. ◈ University of Nevada Las Vegas, 7000 E Russell Rd. • plan F5 • 702 895 3900.

5 Judy Bayley Theater

Outre son excellente acoustique et ses sièges confortables, le Judy Bayley Theater possède une scène spéciale modulable. Utilisé pour des ballets, des comédies musicales et des pièces de théâtre, il est aussi le siège du Nevada Ballet Theater. ◈ University of Nevada Las Vegas, S Maryland Parkway • plan Q4 • 702 895 2787.

Autres spectacles **p. 118-119**

Artemis Ham Concert Hall

De l'autre côté de la cour de l'université, en face du Judy Bayley Theater, la salle de concerts Artemis Ham est un bâtiment élégant qui accueille des musiciens et des danseurs de renommée nationale et internationale. Le violoniste Itzak Perlman et le ballet du Bolchoï entre autres y ont donné des représentations. *University of Nevada Las Vegas, S Maryland Parkway • plan Q4 • 702 895 2787.*

Thomas and Mack Center

Ouvert en 1983, ce centre porte le nom des banquiers qui l'ont financé. La distribution de la soirée d'inauguration comprenait les célèbres artistes Frank Sinatra, Dean Martin et Diana Ross. On y assiste aujourd'hui à des rodéos, des matchs universitaires de basket-ball, des spectacles de cirque, des championnats du monde de boxe et des concerts. Parmi les records, le combat de boxe poids lourds Holyfield contre Lewis en 1999 a rapporté 18 millions de dollars, et le plus grand nombre de spectateurs à un concert s'est élevé à 17 664 personnes. *University of Nevada Las Vegas, S Maryland Parkway • plan Q4 • 702 895 2787.*

Emblème du Clark County Amphitheater

Orleans Showroom

Ce théâtre de 800 places présente chaque mois plusieurs grandes vedettes du monde du spectacle, notamment Jerry Lewis, le chanteur Willie Nelson, Peter, les Righteous Brothers, Dionne Warwick et bien d'autres artistes. *Orleans Hotel, 4500 W Tropicana • plan B4 • 702 365 7111.*

Le Théâtre des Arts

Ce théâtre de style parisien a ouvert en 1999. Des légendes de la musique telles que Earth, Wind and Fire ou les Moody Blues s'y sont produites. Il présente aussi des spectacles de musique. En 2008, il a accueilli le célèbre spectacle de Brodway *The Producers*. *Paris Las Vegas, 3655 Las Vegas Blvd. S • plan Q2 • 877 374 7469.*

Clark County Amphitheater

Cet amphithéâtre en plein air propose des spectacles gratuits assez éclectiques : « Jazz in the Park », concerts au clair de lune, festivals folks et quartets masculins… On peut y prendre un déjeuner dans un sac en papier. Cette formule attire aussi bien les employés des bureaux voisins que les habitants de Las Vegas et les visiteurs. *500 S Grand Central Parkway • plan K3 • 702 455 8200 • programme annoncé dans la presse locale.*

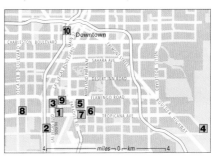

➡ *Distractions gratuites* p. 76

Gauche **Studio 54** Centre **eyecandy sound lounge** Droite **Pure au Caesars**

Boîtes de nuit et bars

1 TAO Night-club

Le TAO originel, un bistrot asiatique couru par les célébrités à New York, change de look au Venetian de Las Vegas (p. 20-21). Chutes d'eau, statues géantes de Bouddha et plage de sable artificielle caractérisent ce night-club asiatisant. Le samedi soir, la plage est transformée comme par magie en un lieu exotique – spectacle lumineux avec lanternes chinoises flottant sur la piscine. Des DJ célèbres sont invités le dimanche soir. Prenez un verre à l'un des 3 bars ou savourez les vues magnifiques depuis la terrasse. ◈ The Venetian, 3377 Las Vegas Blvd. S • plan P2 • 702 388 8588 • lun.-mer. 5h-12h, jeu.-sam. 17h-4h, dim. 17h-12h. • EP.

Ghostbar

Studio 54

2 Studio 54

Comme son homonyme de Manhattan, ce lieu attire les célébrités dont certaines font parfois une apparition impromptue sur scène. Il y a 4 pistes de danse, des bars, des écrans vidéo et des danseurs sur des podiums. Les soirées à thèmes sont faites pour satisfaire les goûts de tous les noctambules. Lounges semi-privés et carrés VIP. ◈ MGM Grand Hotel, 3799 Las Vegas Blvd. S • plan R2 • 702 891 7254 • ouv. mar.-sam. à partir de 22h • EP pour les hommes, EG pour les femmes.

3 Drai's

Ce club aux murs tapissés de livres est le seul de Las Vegas à rester ouvert très tard. La cheminée, les sièges rembourrés et les palmiers d'intérieur créent une atmosphère intime. Avec les meilleurs DJ du monde, qui passent aussi bien de la musique techno que des rythmes latinos, la soirée se prolonge souvent après l'aube. ◈ Bill's Gamblin Hall and Saloon, 3593 Las Vegas Blvd. S • plan P2 • 702 737 0555 • ouv. mer.-dim. à partir de 1 h.

4 Rumjungle

À partir de 23 h, ce restaurant devient une boîte de nuit. Les groupes sont accompagnés par des danseurs. Rhumerie. ◈ Mandalay Bay Hotel, 3950 Las Vegas Blvd. S • plan R1-2 • 702 632 7408 • EP.

Autres spectacles musicaux p. **40-41**

Rumjungle

eyecandy sound lounge
Un bar unique à la décoration stupéfiante au centre du principal casino de Mandalay Bay. Un kaléidoscope de couleurs anime tout, des rideaux à la piste de danse. ❧ *Mandalay Bay, 3950 Las Vegas Blvd. S • plan R1 • 702 632 7777 • ouv. t.l.j. 18h-4h.*

Tryst
Cette boîte de nuit branchée est située dans l'un des complexes hôteliers du centre du Strip. L'habit chic et décontracté y est de rigueur, et les chapeaux, vêtements sport ou jeans trop grands sont à proscrire.
❧ *Wynn Las Vegas, 3131 Las Vegas Blvd. S • plan N2 • 702 770 3375 • ouv. 22h-4h jeu.-dim. • EP.*

JET
Cette luxueuse et vaste boîte de nuit propose trois salles de danse distinctes avec dans chacune un style de musique différent. De quoi satisfaire tous les goûts. ❧ *Mirage, 3400 Las Vegas Blvd. S • plan P1 • 702 792 7900 • ouv. 22h30-4h ven.-sam., lun. • EP.*

Pure au Caesars
Ce club géant, sur 3 niveaux, a pour patrons André Agassi, Steffi Graf et Céline Dion, entre autres. Avec le service d'un club haut de gamme, il attire une des clientèles les plus huppées du Strip. Des lits imposants et généreux entourent la piste de danse et une immense terrasse extérieure offre des vues superbes. ❧ *Caesars Palace, 3570 Las Vegas Blvd. S • plan P1 • 702 731 7873 • ouv. ven.-dim. 22h-4h.*

Body English au Hard Rock
La décoration est un mélange de rock et de clacissisme avec un grand escalier et des chandeliers en cristal. Sur les 2 étages, des petites pièces sont réservées à ceux qui veulent un peu de calme après s'être déchaînés sur la piste de danse. ❧ *Hard Rock Casino and Resort, 4455 Paradise Rd. • plan Q3 • 702 693 4000 • ouv. mer., ven.-dim. 22h30-4h • EP.*

Ghostbar au Palms
Un des night-clubs les plus futuristes de Las Vegas. Le Ghostbar est connu pour son « ghost deck » et ses vues sur la piscine de l'hôtel, 55 étages plus bas. ❧ *Palms, 4321 Flamingo Rd. W • plan B4 • 702 942 6832 • ouv. t.l.j. 20h-3h • EP.*

Gauche **Musée Madame Tussaud** Centre **Las Vegas Natural History Museum** Droite **Gallery of Fine Arts**

Musées et galeries

1 Bellagio Gallery of Fine Arts

Ce musée de niveau international présente des expositions temporaires d'œuvres d'art des XIXe et XXe s. ainsi que d'œuvres prêtées par différentes collections particulières. Un service de consultation permet aux visiteurs d'acheter des objets d'art allant de la sculpture à la céramique.

Pavarotti, musée Madame Tussaud

◈ Bellagio, 3600 Las Vegas Blvd. S • plan Q1-2 • 702 693 7871 • ouv. dim.-jeu. 10h-18h, ven.-sam. 10h-21h • EP • www.bellagio.com

2 Musée de cire de Madame Tussaud

Les personnages de cire sont tellement impressionnants qu'ils éclipsent le cadre théâtral du musée (p. 28-29).

3 Lied Discovery Children's Museum

Avec une centaine d'éléments interactifs, ce musée pour enfants est l'un des plus intéressants de l'ouest des États-Unis. Les enfants apprennent beaucoup sur les sciences et les arts à travers des jeux et des ateliers. La Science Tower de 8 étages concerne les jeunes, tandis que « Bubble Pavilion » et « Toddler Towers » s'adressent aux tout-petits.

◈ 833 Las Vegas Blvd. N • plan J5 • 702 382 3445 • ouv. mar.-ven. 9h-16h, sam. 10h-17h, dim. midi-17h • EP • www.ldcm.org

4 Liberace Museum

Un hommage au plus kitsch des musiciens. Le musée expose ses pianos et ses voitures faites sur commande dans lesquelles il entrait en scène, ainsi que ses manteaux de magicien et collections d'objets du monde entier, avec une bague en forme de piano.

◈ 1775 E Tropicana Ave. • plan R5 • 702 798 5595 • ouv. mar.-sam. 10h-17h ; dim. 12h-16h ; ferm. lun. • EP • www.liberace.org

Lied Discovery Children's Museum

Autres activités pour enfants **p. 66-67**

Nevada State Museum et Société historique

Cette institution remarquable se consacre à l'avancement de l'histoire naturelle et humaine du Nevada. On peut y voir le fossile du plus grand ichtyosaure jamais trouvé et découvrir de l'artisanat autochtone. ⊗ 700 Twin Lakes Drive • plan J1 • 702 486 5205 • ouv. t.l.j. 9h-17h. • EP • http://dmla.clan. lib.nv.us/docs/museums/

Neon Museum

Les enseignes lumineuses vues comme des œuvres d'art ; le musée donne une vision lumineuse de l'histoire de Las Vegas à travers un ensemble éclectique. ⊗ Près du 821 Las Vegas Blvd. N • plan D2-3 • 702 387 6366 • vis. sur r.-v. seul. • EP • www.neonmuseum.org

Las Vegas Natural History Museum

Ne manquez pas les salles de la faune internationale et des requins vivants. La salle interactive de découverte pour les enfants est remarquable, mais les rugissements des dinosaures animés terrifient les tout-petits. ⊗ 900 Las Vegas Blvd. N • plan J5 • 702 384 3466 • ouv. t.l.j. 9h-16h • EP • www.lvnhm.org

Clark County Heritage Museum

Des bâtiments historiques venus des 4 coins de l'État ont été remontés dans ce musée insolite, qui expose aussi des objets locaux. ⊗ 1830 S Boulder Hwy., Henderson • plan G6 • 702 455 7955 • ouv. 9h-16h30 • EP.

Las Vegas Art Museum

Installé dans un édifice de style sud-ouest contemporain, qui a coûté 20 millions de dollars, le musée conserve des œuvres nationales et internationales. L'artisanat local est bien représenté à la boutique. ⊗ 9600 W Sahara Ave. • plan A3 • 702 360 8000 • ouv. mar.-sam. 10h-17h ; dim. 13-17h • EP.

Marjorie Barrick Museum of Natural History

Les expositions fascinantes de ce musée proposent des œuvres d'art des Paiutes, des reptiles vivants provenant du désert de Mojave ainsi que de l'artisanat d'Amérique centrale. Le Xeriscape est un arboretum de plantes résistant à la sécheresse. ⊗ UNLV Campus • plan Q4 • 702 895 3381 • lun.-ven. 8h-16h45, sam. 10h-14h • EG.

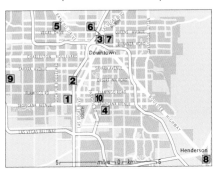

Dinosaure au Natural History Museum

Gauche **Rosemary's** Centre **Joël Robuchon** Droite **Pamplemousse**

Restaurants gastronomiques

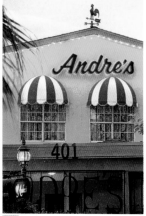

Andre's
Ce restaurant typiquement
français, installé dans une maison
réaménagée, sert des classiques
tels que coquilles Saint-Jacques,
magret de canard, saucisse de
homard et poitrine d'oie fumée.
Le personnel est
avenant, et André
Rochat préside aux
fourneaux. ◈ *401 S 6th
Street • plan K4
• 702 385 5016 • $$$$$.*

Pamplemousse
Poutres rustiques,
fleurs fraîches sur les tables,
poteries et casseroles en cuivre,
Pamplemousse évoque la
Provence. Le repas commence
par des légumes frais de saison
en salade, suivis de plats comme
le médaillon de veau à la crème
et à la moutarde et le caneton
rôti sauce au vin rouge et au

rhum. ◈ *400 E Sahara Ave. • plan M3
• 702 733 2066 • $$$$.*

Picasso
La salle, très chic, est
décorée d'originaux de Picasso,
et le tapis a été dessiné par le
fils du maître. Julian Serrano,
chef d'origine espagnole, crée
de délicieux plats français
contemporains parfois enrichis
d'une touche ibérique : filet de
perche, salade de homard tiède
et foie gras poêlé. ◈ *Bellagio, 3600
Las Vegas Blvd. S • plan Q1-2
• 702 693 7223 • $$$$$.*

Joël Robuchon
Les plats de ce restaurant,
principalement inspiré de la
cuisine française mais avec une
touche d'influence asiatique et
espagnole, sont un délice autant
pour la bouche que pour l'œil.
Parmi les spécialités, notons
les coquilles Saint-
Jacques au citron et
aux algues. ◈ *MGM
Grand, 3799 Las Vegas
Blvd S. • plan R2 • 702
891 7925 • $$$$$.*

Picasso

Rosemary's
Le menu, très
riche, propose des
plats tels que l'agneau rôti au
romarin avec purée aux olives
noires ou le steak grillé aux
asperges et jambon de parme.
Les desserts, comme la tarte au
citron glacée avec sorbet fram-
boise, sont des chefs-d'œuvre.
Peints par des artistes locaux, les

tableaux aux murs sont à vendre.
⊛ 8125 W Sahara Ave. • plan M1 • 702 869 2251 • $$$$.

Chinois
La carte du restaurant de Wolfgang Puck est impressionnante : la rubrique « sushi » comporte à elle seule 35 lignes. Le poisson-chat entier chaud et le saumon de l'Atlantique glacé au soja sont cuisinés à la française *(p. 26)*. ⊛ *Forum Shops at Caesars, 3500 Las Vegas Blvd S. • plan P1-2 • 702 737 9700 • $$$$.*

Prime Steakhouse

Prime Steakhouse au Bellagio
Le chef superstar Jean-Georges Vongerichten fait décoller les standards des steak-houses et les trans-forme en plats gastronomiques. Le veau accompagné de kumquats, d'un chutney d'ananas et de chou-fleur caramélisé est sa spécialité. ⊛ *Bellagio, 3600 Las Vegas Blvd. S • plan Q1 • 702 693 7111 • $$$$$.*

Chinois

Mon Ami Gabi au Paris Las Vegas
Cet authentique bistro parisien à la décoration baroque propose de solides classiques, de la soupe à l'oignon aux crêpes aux fraises en passant par le steak-frites. De la terrasse, les vues sur le Strip sont à couper le souffle. ⊛ *Paris Las Vegas, 3655 Las Vegas Blvd S. • plan Q2 • 702 944 4224 • $$$$.*

Roy's
Le restaurant, inventif, propose une cuisine fusion hawaïenne qui met en vedette les fruits de mer. Essayez le crabe wasabi bénédictine ainsi

que le thon grillé au feu de bois, spécialités de la maison. ⊛ *620 E Flamingo Rd. • 702 691 2053 • $$$$$.*

Bradley Ogden
Ce restaurant chic du célèbre chef de San Francisco est approvisionné chaque jour en produits frais savoureux. On y déguste des plats inno-vants, comme le flétan à la fleur de courgette. Les desserts sont divins et le banana split ne connaît pas d'égal. ⊛ *Caesar'sPalace, 3570 Las Vegas Blvd. S • plan P1-2 • 702 731 7410 • $$$$$.*

Catégories de prix **p. 90**

Gauche et centre **Flavors Buffet** Droite **Carnival World Buffet**

🔟 Buffets et brunchs

1 Village Seafood Buffet
Ce buffet, très prisé depuis son ouverture en 1997, reste le préféré des habitants. Queues de homard, crevettes, palourdes et autres fruits de mer arrivent chaque jour par avion et sont conservés dans l'eau salée. Excellent barbecue mongol de fruits de mer. ◈ *Rio Hotel, 3700 W Flamingo Rd.* • plan C4 • *702 252 7777* • $$$.

2 Carnival World Buffet
Quel plaisir que d'observer les chefs accommoder de 1 000 façons les saveurs du Brésil, de l'Orient, de l'Italie, du Mexique et des États-Unis ! ◈ *Rio Hotel, 3700 W Flamingo Rd.* • plan C4 • *702 252 7777* • $$.

3 Sterling Brunch
C'est le brunch le plus cher de la ville, mais sa qualité et son inventivité sont inégalées. Choix de 25 hors-d'œuvre dont la mousse de *prosciutto* sur lit de framboises, le caviar sur blinis chauds et le gaspacho de homard. Le feuilleté de saumon rôti avec mousseline de crevettes et d'épinards est la vedette du buffet, et le pain perdu à la glace à la cannelle est incontournable. Réservation indispensable. ◈ *Bally's Hotel, 3645 Las Vegas Blvd. S* • plan Q2 • *702 967 4661* • $$$$.

4 Bellagio Buffet
Ce somptueux buffet décline des saveurs chinoises, japonaises, italiennes et américaines en plus de 60 plats. Poitrine de canard sauvage, gibier rôti ou crevettes à volonté : il y en a pour tous les goûts. Le *cheesecake* et les framboises nappées de chocolat font l'unanimité. ◈ *Bellagio, 3600 Las Vegas Blvd. S* • plan Q2 • *702 693 7111* • $$$.

5 Sweet Tomatoes Salad Bar
Dans ce buffet de crudités au cadre vert et blanc apaisant, on peut choisir les ingrédients de son omelette. Grand assortiment de sauces et produits d'une fraîcheur extrême. Le *chili* maison et les pommes de terre farcies sont exquis. ◈ *375 N Stephanie St.* • plan E6 • *702 933 1212* • autre restaurant au *2080 N Rainbow Rd.* • *702 648 1957* • $.

Sweet Tomatoes Salad Bar

Golden Nugget Buffet

Flavors Buffet

Les casinos-hôtels du groupe Harrah's sont réputés pour leur excellente cuisine. Si ce buffet n'est pas des plus originaux, la qualité des plats et le service restent haut de gamme. Les initiés s'y pressent pour les salades d'une grande variété et les desserts particulièrement tentants. ⊗ *Harrah's Hotel, 3475 Las Vegas Blvd. S • plan P2 • 702 693 6060 • $$.*

Buffet au TI

Six buffets attractifs proposent des viandes grillées, des mets asiatiques, des pâtes, des pizzas, des salades ainsi que des desserts. Il y a aussi un restaurant ambulant vendant du chili. ⊗ *TI, 3400 Las Vegas Blvd. S • plan P2 • 702 894 7111 • $$.*

Souper Salad

Les moissons peintes sur les murs résument la philosophie de bonne chère de cette chaîne de buffets de crudités améliorés. Soupes, salades, pâtes, pizzas et desserts sont à volonté, au prix incroyablement bas de 5,90 $. Pour ceux qui ont un bon appétit. ⊗ *4022 S Maryland Parkway • plan P4 • 702 792 8555 • autre restaurant au 2051 N Rainbow Blvd. • $.*

Golden Nugget Buffet

Las Vegas compte une soixantaine de buffets dont la plupart n'ont rien d'esthétique, mais le cadre de celui du Golden Nugget est charmant, et les plats sont très savoureux. Ne manquez pas la dinde tranchée et le pain perdu à l'ancienne. ⊗ *Golden Nugget Hotel, 129 Fremont St • plan K4 • 702 385 7111 • $$.*

Le Village Buffet

Le buffet du Paris Las Vegas offre une diversité très créative : omelettes, fromages importés, bouillabaisse, bisque de champignons sauvages, agneau, gibier, entrecôte et, bien évidemment, desserts à la française. ⊗ *Paris Las Vegas Hotel, 3655 Las Vegas Blvd. S • plan Q2 • 702 946 7000 • $$.*

Catégories de prix **p. 91**

Gauche **Little Church of the West** Centre **Couple à Viva Las Vegas** Droite **Enseigne d'une chapelle**

🔟 Chapelles nuptiales

Cindy Crawford et l'acteur Richard Gere y ont célébré leur mariage. C'est également là que s'unissent Elvis Presley et Ann Margaret dans *L'Amour en quatrième vitesse*, de G. Sidney (1964). ❧ *4617 Las Vegas Blvd. S • plan C5 • 702 739 7971.*

1 Chapelles nuptiales du Bellagio

Ces deux chapelles figurent parmi les salles de mariage les plus élégantes de Las Vegas. Outre le vitrail d'autel, les lampes et les lustres ornementés en améthyste et en verre de Venise rehaussent les tons pastel du mobilier. Services personnalisés par la réservation de chambres et l'organisation de mariages. ❧ *Bellagio Hotel, 3600 Las Vegas Blvd. S • plan Q2 • 702 693 7700, 888 987 3344.*

2 Viva Las Vegas

Si son intérieur est modeste et rustique, la chapelle met à votre disposition un choix de costumes aux thèmes égyptien, balnéaire, victorien, gangster, western et même intergalactique. ❧ *1205 Las Vegas Blvd. S • 702 384 0771 • plan L3.*

3 Little Church of the West

Cette petite église de l'Ouest, fondée en 1942, est l'une des plus anciennes de la ville. C'est la préférée des stars : Zsa Zsa Gabor et George Saunders, Judy Garland, Mickey Rooney, le mannequin

4 Temples israélites

Contrairement aux chapelles nuptiales, rares sont les églises et les synagogues qui célèbrent des cérémonies improvisées. Les conditions requises pour le mariage varient selon la religion. Renseignements au temple Beth Sholom ou au temple Adat Ari El. ❧ *Temple Beth Sholom (orthodoxe), 10700 Havenwood Lane • 702 804 1333 • plan L4 • temple Adat Ari El (libéral), 4675 W Flamingo Rd. • 702 221 1230.*

5 Christ Church Episcopal

C'est l'église épiscopale traditionnelle la plus proche du Strip. N'oubliez pas que les églises du diocèse épiscopal du Nevada imposent un rendez-vous avec le pasteur avant la célébration du mariage. ❧ *2000 S Maryland Parkway • plan M4 • 702 735 7655.*

6 Guardian Angel Cathedral

À quelques pas des néons et de l'animation du Strip, la cathédrale catholique romaine est d'une surprenante

Guardian Angel Cathedral

Autres renseignements sur le mariage à Las Vegas **p. 120-121**

sobriété. L'immense mosaïque triangulaire qui orne la façade représente un ange gardien et 3 personnages symbolisant la Pénitence, la Prière et la Paix – la plus fuyante des trois ! 🕲 *302 Cathedral Way • plan N2 • 702 735 5241.*

7 Canterbury Wedding Chapels

Les passionnés du Moyen Âge peuvent prononcer leurs vœux en costumes d'époque dans l'une des chapelles de l'Excalibur. Les couples déjà mariés peuvent également y revivre l'événement. 🕲 *Excalibur Hotel, 3850 Las Vegas Blvd. S • plan R1 • 702 597 7278.*

8 Island Wedding Chapel

Entre les luxuriants jardins polynésiens Gazebo et la chapelle des mers du Sud au toit de palmes, la chapelle de l'hôtel Tropicana offre un décor idéal pour un mariage romantique et paradisiaque. L'Island Wedding Chapel est d'ailleurs considérée comme l'une des plus luxueuses de la ville. 🕲 *3801 Las Vegas Blvd. S • plan R2 • 702 798 3778 • www.tropicanachapel.com*

9 The Little White Chapel

Quintessence de Las Vegas, cette petite chapelle blanche est réputée pour les mariages insolites qui s'y déroulent. C'est ici qu'au printemps 2001, de multiples sosies d'Elvis ont célébré leurs mariages en groupe. Pour les fiancés qui n'ont pas une minute à perdre, la chapelle a prévu un guichet nuptial pour automobilistes, unique au monde. Il est ouvert 24 h/24 et il n'est pas nécessaire de prendre rendez-vous. 🕲 *• 1301 Las Vegas Blvd. S • plan L4 • 702 382 5943 • www.alittlewhitechapel.com*

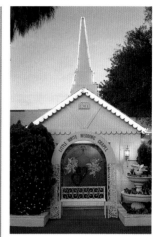

The Little White Chapel

10 Mariages en montgolfière

Une compagnie de montgolfières et la Little White Chapel (qui mérite définitivement sa réputation d'excentricité) ont eu l'idée de s'associer pour célébrer des mariages aériens en hiver. Le ballon plane au-dessus des néons de Las Vegas pendant la cérémonie, si bien que le couple prononce ses vœux dans les airs. 🕲 *Little White Chapel in the Sky • 702 382 5943, 800 545 8111.*

Gauche **Canal Shoppes** Droite **Las Vegas Outlet Center**

Où faire des achats

The Forum Shops, Caesars

Dans le complexe du Caesars Palace, signalé par sa devanture à 2 niveaux surmontée de statues de sénateurs romains, les boutiques bordent des rues à la romaine. Outre les articles européens, la création américaine est représentée par des enseignes comme Banana Republic, Ann Taylor et Houdini's Magic Show. Le plan des boutiques est disponible au Convention and Visitors Information Center *(p. 115)*. Mieux vaut prévoir des chaussures de marche *(p. 26-27)*.

Via Bellagio

La galerie commerçante du Bellagio est très réussie *(p. 15)*. Même si vous êtes intimidé par les boutiques somptueuses, telles que celles de Hermès, Chanel, Gucci ou encore Tiffany, dont les vitrines brillent de mille feux pendant la période des fêtes de Noël, n'hésitez pas à vous promener dans cet endroit unique et très agréable. ❧ *Bellagio, 3600 Las Vegas Blvd. S • plan Q1-2.*

Miracle Mile

Mode anglaise chez French Connection, vêtements décontractés chez Urban Outfitters et magnifiques accesssoires chez Pashmina by Tina. La galerie compte aussi des magasins plus originaux comme Tommy Bahama et ses articles tropicaux. ❧ *Dans le Planet Hollywood Resort and Casino, 3667 Las Vegas Blvd. S • plan Q2.*

Fashion Show Mall

Ce paradis du shopping de luxe abrite des boutiques comme Macy's ou Saks Fifth Avenue et accueille défilés de mode et autres manifestations. ❧ *3200 Las Vegas Blvd. S • plan N2.*

The Galleria, Sunset

La galerie, très récente, abrite des grands magasins et propose divers services pratiques : cordonnerie, réparation de bijoux, nettoyage gratuit des bijoux, retouches et couture, paquets-cadeaux, travaux photographiques, salons de coiffure et timbres-poste. ❧ *1300 W Sunset Rd., Henderson • plan E5.*

Via Bellagio

6 Las Vegas Outlet Center

Des marques internationales comme les chaussures Nike et les vêtements Calvin Klein sont en vente dans les 150 boutiques de cette galerie qui ne cesse de s'agrandir. Les réductions étonnantes atteignent parfois 75 %. Les parents férus de mode apprécient les magasins pour enfants Oshkosh B'Gosh, Tommy Kids et Carter's. Les attractions étant incontournables à Las Vegas, la galerie abrite un manège géant et un spectacle laser présenté toutes les heures. ✆ *7400 Las Vegas Blvd. S • plan C6.*

7 Canal Shoppes

Dans la galerie du 1er étage du Venetian *(p. 20-21),* d'une élégance toute européenne, les boutiques proposent des articles de luxe : dentelle de Venise faite à la main, verrerie, masques, soieries, chaussures et bijoux de divers pays d'Europe. L'ambiance qui y règne participe au plaisir du shopping, bien qu'on n'y retrouve pas la véritable Venise. ✆ *Venetian Hotel, 3355 Las Vegas Blvd S. • plan P2.*

8 Mandalay Place

Ce centre qui abrite une sélection éclectique de boutiques sur plus de 9 000 m2 relie Mandala Bay au Luxor Hotel and Casino. On y trouve notamment le 1er magasin Nike de golf au monde et Lush Pupy, la 1re boutique pour animaux domestiques de Las Vegas Strip. Le centre compte aussi de nombreux restaurants et cafés. ✆ *Mandalay Hotel, 3950 Las Vegas Blvd. S • plan R1-2.*

9 Town Square Shopping Plaza

Évadez-vous un instant du Strip pour découvrir cet immense centre commercial excentré avec ses boutiques et ses ruelles pittoresques. Plus de 150 magasins et restaurants dont des grandes enseignes comme Gap, H&M et Apple. Le centre compte également ment un cinéma de 18 salles et un terrain de jeu avec une maison dans les arbres à 13 m de hauteur. Nombreux restaurants. ✆ *6605 Las Vegas Blvd. S • plan C5.*

Town Square Shopping Plaza

10 The Shoppes, The Palazzo

Le Palazzo qui fait partie du gigantesque complexe-casino Venetian *(p. 21)* est la dernière attraction de Las Vegas pour les amateurs de luxe. The Shoppes regroupe plus de 60 enseignes haut de gamme, notamment l'empire de la mode Barneys New York. On y trouve aussi de grandes marques comme Michael Kors, Christian Louboutin et Diane Von Furstenberg. ✆ *The Palazzo, 3325 Las Vegas Blvd. S • plan P2.*

Gauche **Horloge** Centre gauche **Bibelot de Circus Circus** Centre droite **Puzzle** Droite **Lunettes d'Elvis**

🔟 Souvenirs

1 Puzzles du Strip
On trouve à Las Vegas toutes sortes d'images et de puzzles de la ville. Les plus recherchés sont ceux du Strip la nuit et les dessins humoristiques évoquant les curiosités du boulevard. Ce quartier ne cessant d'évoluer, peut-être posséderez-vous un jour un objet de collection.

2 Jetons de poker personnalisés
Les jetons personnalisés existent dans les couleurs traditionnelles *(p. 124),* mais votre nom peut remplacer celui du casino, avec son logo. C'est un bon souvenir pour ceux qui aiment jouer à la maison.

3 Photos-souvenirs
Faites-vous photographier déguisé en pionnier, en cow-boy, en danseuse ou encore en chevalier. Vous pouvez aussi faire la couverture d'un magazine grâce à un habile photo-montage. Le résultat, dont le prix dépasse rarement 25 \$, correspond bien à l'esprit de Las Vegas.

4 Lunettes de soleil et favoris d'Elvis
Bien que son premier spectacle à Las Vegas en 1956 n'ait pas remporté un grand succès, Elvis Presley est resté solidement associé à la capitale mondiale du divertissement. De nombreuses boutiques proposent des lunettes et de fausses rouflaquettes pour ceux qui souhaitent incarner la première star du rock.

5 Objets kitsch
Le genre kitsch est bien illustré dans la ville. On trouve notamment des horloges en Plexiglas doré, cuivre, bois, ou autre matériau, indiquant l'heure par des dés. Le motif du jeu se décline sur d'autres objets usuels : sièges de toilettes incrustés de cartes à jouer et de jetons de poker ou distributeurs de mouchoirs en papier décorés...

Machine à sous ancienne

6 Spécialités gastronomiques du Nevada
Les denrées du Nevada les plus réputées sont les chocolats Ethel M., créés par Forrest Mars, membre du groupe industriel Milky Way, Mars et M&Ms. Les pickles Sweet'n'Spicy de Mrs Auld, sa préparation pour scones ou ses cerises à l'eau-de-vie sont appréciées des gourmets. Les thés Davidson sont également excellents.

7 Machines à sous anciennes
The Liberty Bell, la première machine à sous, a été inventée par Charles Fey en 1895. Lors de ventes aux enchères, on peut

Jetons de poker

parfois trouver des modèles d'époque, allant du style victorien à l'Art déco. Les plus rares se vendent plusieurs milliers de dollars.

8 Programmes de spectacles et articles à logo

Tous les grands spectacles ont leur boutique, en général proche du guichet de location. On y trouve des T-shirts commémoratifs et divers enregistrements du show, mais aussi des articles de magie, des assiettes de cirque chinoises, des bouchons de bouteilles ornés de logos, des cordes à sauter, des Yo-Yo…

9 Gains au casino

Le meilleur souvenir à rapporter de Las Vegas est un gain au jeu. Bien que les perdants aux machines à sous, à la roulette et aux tables de jeu soient plus nombreux que les gagnants, des visiteurs remportent parfois le gros lot, comme les sommes colossales que distribuent les machines Megabucks et Quartermania.

10 Livres sur le Nevada

L'écrivain américano-basque Robert Laxalt a écrit le roman *Basque hôtel, Nevada* (éditions Autrement). Si vous êtes anglophone, les librairies proposent un vaste choix de publications sur la région comme *The Nevada Trivia Book* de Richard Moreno, *A Short History of Las Vegas* par Myrick et Barbara Land et les ouvrages sur les machines à sous de Marshal Fey (petit-fils de l'inventeur de la machine à sous).

Où faire une photo

1 Jardin d'hiver du Bellagio

Ses superbes compositions florales forment un beau décor, et le plafond vitré garantit un bon éclairage *(p. 15)*.

2 Gondole vénitienne

Les gondoles du Grand Canal du Venetian ne manquent pas de romantisme *(p. 20)*.

3 Piscine du Hard Rock Hotel

Photographiez-la depuis une chambre de l'hôtel pour voir sa spectaculaire forme de guitare *(p. 32-33)*.

4 Terrasse du Loews Lake Las Vegas

Ce lieu est magnifique au crépuscule, quand collines et maisons baignent dans une lumière dorée *(p. 37)*.

5 Madame Tussaud

Le musée permet de poser à côté des doubles des stars *(p. 28-29)*.

6 Brahma Shrine, Caesars Palace

Cette charmante châsse est censée porter chance *(p. 32)*.

7 Passerelle du TI

Les bateaux et le village constituent une ravissante toile de fond *(p. 33)*.

8 Artistes de Glitter Gulch

Les nombreux imitateurs de stars sont toujours ravis de poser en échange d'une pièce *(p. 13)*.

9 Passerelle TI-Venetian

C'est un superbe point de vue pour photographier le Strip. ✪ *Plan P2*.

10 Volcan, The Mirage

Le volcan de l'hôtel The Mirage, haut de 16 m, est connu à Las Vegas. Il est le cadre d'un impressionnant spectacle gratuit *(p. 73)*.

Gauche **The Roller Coaster** Centre et droite **Circuit automobile de Las Vegas**

🔟 Sensations fortes et simulateurs

1 The Roller Coaster
Pour ceux qui ont le courage de garder les yeux ouverts, les terrifiantes montagnes russes, semblables à celles de Coney Island, offrent des vues spectaculaires du Strip. Le parcours, tout en loopings et plongées, serpente à travers l'hôtel. ◈ *New York-New York Hotel, 3790 Las Vegas Blvd. S • plan R1-2.*

2 Big Shot
Sur la plus haute tour d'observation du monde, les passagers sont propulsés à 50 m dans les airs puis retombent en chute libre sur l'aire de lancement. Big Shot ne s'adresse ni aux personnes sensibles ni aux enfants – une version réduite de Big Shot existe à Stratosphere Tower. ◈ *Stratosphere Tower, 2000 Las Vegas Blvd S. • plan L-M3.*

3 The Desperado
Ces montagnes russes font partie des plus rapides des États-Unis. The Desperado atteint la vitesse de 129 km/h. Essayez d'apercevoir du point le plus haut les superbes vues sur la Primm Valley. Si vous n'avez pas eu assez de frissons, faites une chute de 52 m avec le Turbo Drop ou faites-vous tremper avec Adventure Canyon Log Flume. ◈ *Buffalo Bill's, 31900 Las Vegas Blvd. S, Primm Valley, 56 km au sud de Las Vegas I-5 • plan T2 • 702 679 7433 • accès en fonction de l'âge, de la taille et du poids.*

4 Pole Position Raceway
Cette superbe piste de kart est ouverte aux débutants comme aux conducteurs expérimentés. ◈ *4175 South Arville • plan B4-5 • 702 227 7223 • accès en fonction de l'âge, de la taille et du poids.*

Big Shot, Stratosphere

Canyon Blaster
5 Adventuredome, le parc thématique couvert de Circus Circus propose plusieurs attractions amusantes. La plus excitante est sans

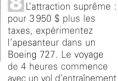

Chute libre en intérieur

doute le très rapide Canyon Blaster, les seules montagnes russes couvertes ayant un double looping et un double tire-bouchon. Disk-O est une attraction qui vous glace le sang sur un rythme disco, tandis que Rim Runner vous mouille de la tête aux pieds. ◈ *Circus Circus, 2880 Las Vegas Blvd. S • plan M-N3.*

Montagnes russes, Sahara Speedworld

Sahara Speedworld
6 Les montagnes russes de Sahara Speedworld fonctionnent à toute vitesse selon la technologie électronique du lance-pierre. En 48 secondes, elles effectuent une boucle de 360° et un aller-retour vertical sur une tour de 68 m. Les usagers doivent avoir le cœur bien accroché.
◈ *Sahara Hotel, 2535 Las Vegas Blvd. S • plan M3.*

Magic Motion Machines
7 Les attractions courtes mais pourvoyeuse de sensations fortes d'Excalibur comprennent « Sponge Bob Square Pants 4D », où vous voyagez sous l'eau et « Corkscrew Hill », une aventure qui vous transporte à l'époque médiévale. ◈ *Excalibur, 3850 Las Vegas Blvd. S • plan R1-2.*

Zero G
8 L'attraction suprême : pour 3 950 $ plus les taxes, expérimentez l'apesanteur dans un Boeing 727. Le voyage de 4 heures commence avec un vol d'entraînement de 90 min suivi d'une série de plongeons en plein ciel, avant d'atteindre le degré de gravité zéro. ◈ *5275 Arville Street • plan B5 • accès en fonction de l'âge et de la condition physique.*

Indoor Skydiving
9 Chez Flyaway Skydiving, l'aventure comporte une préparation et une simulation dans une gigantesque soufflerie, car la chute libre n'est pas sans risques. ◈ *Flyaway Indoor Skydiving, 200 Convention Center Drive • plan N3.*

Richard Petty Driving Experience
10 Après une formation, les participants prennent le volant d'authentiques stock-cars de Winston Cup et se lancent dans la course ! ◈ *Las Vegas Motor Speed-way, 6975 Speedway Blvd. • plan E1.*

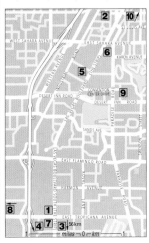

Autres activités pour les enfants p. 66-67

Gauche **Offshore, Lake Mead** Droite **National Finals Rodeo**

TOP 10 Fêtes et manifestations

1 Nouvel An chinois
Les festivités du Nouvel An chinois, concentrées sur Chinatown Plaza *(p. 85)*, incluent pétards, danse du lion et repas feng shui traditionnellement associés à cette période.
⊗ *Chinatown Plaza, Spring Mountain Rd. • plan B4 • 21 janv.-19 fév.*

2 St Patrick's Day
La Saint Patrick est l'occasion de nombreuses soirées dans les restaurants et les bars, mais la parade et les principales festivités se déroulent à Fremont Street Experience. Outre la bière verte et les plats traditionnels irlandais, on peut y apprécier un spectacle de Las Vegas Highland Pipe Band sur 2 scènes.
⊗ *Plan K4 • 17 mars ou week-end le plus proche.*

3 Cinco de Mayo
Toute la communauté hispanique de Las Vegas célèbre la fête nationale mexicaine, qui commémore la victoire des Mexicains sur les Français en 1862. Des formations musicales jouent du *ranchero* et du rock. *Piñatas, mariachis*, carnaval et jeux, vendeurs de *tamales*, *tacos* et quiches accompagnent ces festivités. ⊗ *Freedom Park • plan D2 • 5 mai ou week-end le plus proche.*

4 Snow Mountain Powwow
Les danseurs tribaux en costumes brodés de perles, de coquillages et de grelots, viennent des quatre coins d'Amérique du Nord pour exécuter les danses rituelles ancestrales. On peut acheter des boucliers à plumes et des spécialités, comme les *tacos* navajo et le pain frit. ⊗ *Paiute Indian Reservation, à 48 km au N • 702 658 1400 • mai.*

5 Clark County Basque Festival
Cette fête de la culture basque comporte une messe catholique et des danses traditionnelles, ainsi que des épreuves de force – lever de poids ou la coupe de troncs. La cuisine basque est abondante et le punch Picon bien fort. ⊗ *St Viator Community Center, 4320 Channel 10 Drive, Clark County • 702 361 6834 • sept.*

6 Pacific Islands Festival
Les nombreux peuples des îles du Pacifique qui vivent autour de Las Vegas célèbrent leurs cultures respectives un jour par an par des divertissements permanents, expositions et vente de produits artisanaux. La cuisine, très riche, comporte *kim-chee* et *poi*, boulettes chinoises et *teriyaki*.

Tournoi de golf

Lorenzi Park, 333 W Washington Ave.
• plan C2 • 702 382 6939 • sept.

7 Maisons hantées de Halloween

Un groupe de magiciens professionnels crée des maisons hantées sur les parkings des foyers municipaux et des parcs. La maison « Texas Screamer » abrite le laboratoire du médecin fou et reçoit la visite surprise du Texan à la tronçonneuse. *Fin oct.*

8 Strut Your Mutt

Ce concours est un jour de fête pour tous les chiens, quel que soit leur pedigree. La Mutt Parade et les concours désignent le chien le mieux habillé, celui qui a le plus de taches et celui qui fait les tours les plus idiots. *Dog Fanciers' Park, 5800 E Flamingo Rd. • 702 455 8206 • nov.*

9 National Finals Parties et BBQ Cook-Off

Pendant la finale nationale de rodéo, toute la ville se convertit au *country* et revêt jeans et bottes. Les casinos invitent des groupes de musique country, on danse country et on participe au BBQ Cook-Off, un concours de cuisine barbecue. Les salles changent tous les ans, et le programme est publié dans les guides gratuits des spectacles. *Lieux variables • déc.*

10 Festival of Trees and Lights

Opportunity Village, un organisme d'aide aux handicapés mentaux, récolte des fonds en créant une forêt magique de 50 arbres de Noël décorés. La pièce maîtresse est le château du père Noël, fabriqué par FAO Schwarz, le magicien des jouets *(p. 27)*. *Opportunity Village, 6300 W Oakey Blvd. • 702 259 3700 • tout déc.*

Épreuves sportives

1 Las Vegas International Marathon

10 000 athlètes participent chaque année à cette course d'endurance. *Fin janv.*

2 NASCAR Weekend

Pendant 3 jours, Las Vegas accueille les courses Bush Series et Nextel Cup. C'est le plus grand événement sportif de l'année. *Las Vegas Motor Speedway • début mars.*

3 World Series of Poker

Le prix s'élève à un million de dollars. *Binion's Horseshoe Hotel • avr.-mai.*

4 Saison de base-ball

Les Las Vegas 51 jouent sur leur terrain. *Cashman Field, 850 Las Vegas Blvd. N • avr.-sept.*

5 Las Vegas Cup Powerboat Racing

Coupe d'offshores pour plusieurs catégories. *Lake Mead • juin.*

6 Épreuves sportives de l'UNLV

Les Runnin' Rebels de basketball, football et base-ball sont en général bien classées. *Thomas & Mack Center • sept.-mai.*

7 NHRA Summit Nationals

Grande course nationale de dragsters. *Las Vegas Motor Speedway, 7000 Las Vegas Blvd. N • oct.-avr.*

8 Las Vegas Invitational Golf Tournament

Le premier championnat de la PGA disputé par Tiger Woods. *Divers terrains • mi-oct.*

9 PBR Championship

Concours professionnel de rodéo. *Thomas & Mack Center • dernier week-end d'oct.*

10 National Finals Rodeo

Les meilleurs cow-boys visent un prix de 4 200 000 $. *Thomas & Mack Center • début déc.*

Gauche **Jet-ski** Droite **Vélo à Desert Shores**

Activités de plein air

1 Randonnée à Red Rock Canyon

Suivez la Highway 159 (Charleston Boulevard) vers l'ouest pendant 25 min pour atteindre la Red Rock Canyon National Conservation Area *(ci-dessus)*. Une route panoramique serpente à travers le canyon, et les différents sentiers révèlent des sites sauvages *(p. 24-25)*.

2 Vélo à Desert Shores

Les cyclistes apprécient beaucoup les sentiers de Desert Shores, au nord-ouest de la ville, car ils sont ombragés et au bord de l'eau. Les secteurs résidentiels paisibles et chic de Green Valley et Charleston Boulevard sont également très agréables.

3 Jet-ski sur le Lake Mead

Si vous êtes amateur de sports aquatiques, mettez le cap sur Calville Bay Marina ou Lake Mead Marina pour louer jet-skis, skis nautiques ou autres embarcations. Le port du gilet de sauvetage est obligatoire sur l'eau *(p. 92-95)*.

4 Roller à Summerlin

La municipalité de Summerlin, au nord-ouest du centre-ville, est dotée de trottoirs lisses qui se prêtent bien au roller. Bordé de charmantes maisons et d'immeubles, ce quartier est très agréable et assez peu fréquenté par les voitures. La patinoire du parc des sports attend les amateurs de hockey en ligne. Ⓢ *Las Vegas Sports Park, 1400 N Rampart Blvd.*

5 Tennis à Sunset Park

Les 8 courts de tennis éclairés de Sunset Park *(ci-dessous)* sont faciles d'accès (à environ 1,6 km de l'extrémité sud du Strip) et bien meilleur marché que ceux des clubs de sport et des hôtels. En attendant son tour, on peut admirer les

Autres renseignements sur la randonnée **p. 108**

avions qui atterrissent à l'aéroport international McCarran. ✎ *Plan D5 • 702 455 8200.*

6 Ski et snow-board à Mt. Charleston

Bien que la neige ne soit pas comparable à celle de stations célèbres, comme Aspen dans le Colorado, le ski à

Partie de volley-ball à Sunset Park

Mt. Charleston est très agréable et offre une bonne alternative au golf et à la natation pratiqués dans la vallée. Leçons de ski et location de matériel à Lee Canyon Ski Area, par la Highway 156. ✎ *72 km au NO de Las Vegas • 702 645 2754 • www.skilasvegas.com*

7 Natation à Northwest Pool

La majorité des hôtels et motels de Las Vegas possède une piscine, mais elle est parfois trop encombrée pour y faire des longueurs. Les habitants vont s'entraîner à la Northwest Pool, qui offre 8 couloirs, ainsi qu'un toboggan en spirale de 54 m et un espace pour les sports aquatiques. ✎ *8601 Gowan Rd.*

8 Basket-ball en plein air

Il y a toujours une partie de basket-ball en cours à Desert Breeze Park ou à Sunset Park. Le premier n'a que 2 terrains, mais ils sont très récents et de bonne qualité. ✎ *Desert Breeze Park, 8275 Spring Mountain Rd. • Sunset Park • plan D5.*

9 Flânerie sur le Strip

Bien qu'il existe des dizaines d'itinéraires hors des sentiers

battus, comme par exemple ceux d'Arroyo Grande Park à Green Valley, la plupart des visiteurs aiment flâner sur le célèbrissime Strip. Cette artère, qui est en fait un tronçon de 6 km du Las Vegas Boulevard South (Highway 604), est l'une des plus fascinantes du monde. ✎ *Plan M3-R2.*

10 Jogging à Sunset Park

Si vous avez besoin de vous dépenser, Sunset Park est l'un des endroits les plus appréciés par les habitants pour le jogging. Les sentiers sont bien entretenus, et le circuit comprend un chemin de remise en forme. Le cadre de ce parc dédié aux loisirs est charmant, on court parmi les parcours de *disc-golf*, jeux de fer à cheval, volley-ball et bateaux télécommandés sur le lac du parc, lesquels constituent en toile de fond un spectacle très agréable. ✎ *Plan D5.*

➜ *Activités pour les enfants* p. 66-67

Gauche **Las Vegas National Golf Club** Droite **Angel Park Golf Clubs**

🔟 Terrains de golf

1 Reflection Bay Golf Club

Souvent désigné par la presse spécialisée comme l'un des 10 meilleurs terrains des États-Unis, Reflection Bay Golf Club, conçu par l'éminent golfeur Jack Nicklaus, borde le lac Las Vegas sur 2,5 km. Les vues splendides sur le lac et les villas des milliardaires à flanc de coteau comptent parmi ses atouts. ✆ *75 Monte Lago Blvd., Henderson • plan H4 • 702 740 4653.*

2 The Legacy Golf Course

Ce terrain accueille le tournoi de qualification pour l'US Open. Très apprécié par les candidats, il marie parcours à l'écossaise et végétation désertique du Nevada *(ci-dessous)*. Le point fort du court est le Devil's Triangle (trous 11-13). ✆ *130 Par Excellence Drive, Henderson • plan E6 • 702 897 2187.*

3 Dragon Ridge Golf Course

En plus de ses fairways impeccables et ses différences de niveaux, Dragon Ridge offre de magnifiques vues de la vallée. Le terrain étant privé, l'accès est limité pour le grand public. ✆ *552 S Stephanie St., Henderson • plan E6 • 702 614 4444.*

4 Bali Hai Golf Club

Tout proche des hôtels Mandalay Bay et Four Seasons, ce parcours possède de denses bosquets de palmiers, de grands plans d'eau, des plantes tropicales et des fleurs pour un cadre paradisiaque *(ci-dessus)*. ✆ *5160 Las Vegas Blvd. et Russell Rd. • plan C5 • 702 450 8000.*

5 Angel Park Golf Clubs

Le Palm et le Mountain, les deux parcours de championnat de 18 trous de ce club, ont été conçus par le légendaire golfeur américain Arnold Palmer. Ils sont considérés comme les plus complets du monde. Le complexe comporte un practice éclairé le soir et une école de golf. ✆ *100 S Rampart Blvd. • plan A3 • 702 254 4653.*

Angel Park

Las Vegas Paiute Resort

Ce terrain est le premier complexe à parcours multiple dessiné sur les terres des Amérindiens. Les tracés Snow et Sun Mountain ont été conçus par Pete Dye, auteur de 11 des 100 meilleurs terrains de golf du monde. ◎ *Snow Mountain, Hwy. 95 (sortie 95), 40 km au N de Las Vegas* • *702 658 1400.*

Desert Willow Golf Club

Ce terrain ardu a été taillé dans les contreforts des Black Mountains. Il est entouré d'obstacles naturels et de collines. ◎ *2020 W Horizon Ridge Parkway, Henderson* • *702 270 7008.*

Las Vegas National Golf Club

Créé en 1961, il a accueilli la première victoire de Tiger Woods au championnat de la PGA (Professional Golf Association) lors du tournoi sur invitation de 1996. Les chaussures à pointes douces sont préférables (certains terrains interdisent toutes les pointes). ◎ *1911 E Desert Inn Rd.* • *plan D4* • *702 734 1796.*

Royal Links Golf Club

Les trous sont conçus sur le modèle de ceux des terrains britanniques de l'Open, et tous les chariots sont équipés d'un GPS (Global Positioning System). ◎ *5995 E Vegas Valley Blvd.* • *plan E4* • *702 450 8000.*

The Revere at Anthem

Ce terrain serpente à travers trois canyons désertiques. Parmi ses atouts, il présente des variations naturelles d'altitude et des vues mémorables sur les toits de Las Vegas. Les tarifs d'été sont très intéressants, comme dans la plupart des golfs d'Henderson. ◎ *2600 Hampton Rd., Henderson* • *702 259 4653.*

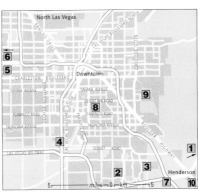

Autres activités de plein air **p. 60-61**

63

Gauche **Massage aux pierres** Droite **Spa au Ceasars Palace**

🔟 Spas et clubs de remise en forme

1 Canyon Ranch Spaclub
Le Spa du Venetian propose à ses clients une centaine de services : thérapie par le mouvement, bassins de Watsu et 20 différents types de massage. Le centre immense et le restaurant Canyon Ranch sont aussi ouverts aux non-résidents. ✪ *Venetian Hotel, 3377 Las Vegas Blvd. S• plan P2 • 702 414 3600.*

2 Aquae Sulis Health Spa
Ce Spa luxueux, qui porte l'ancien nom des thermes romains de l'actuelle ville de Bath (Angleterre), suit des traditions liées aux bienfaits du bain rituel et des soins du corps. On peut « prendre les eaux », s'offrir un massage aux pierres chaudes, typique du Sud-Ouest, ou s'initier aux thérapies de l'Inde. ✪ *J. W. Marriott Hotel, 221 N Rampart Blvd. • 702 869 7807 • plan A3.*

Kim Võ Salon, Spa au Mirage

3 Spa au Mirage
Les tensions s'évanouissent dans ce Spa récemment rénové à la décoration sobre et relaxante. De nouvelles cabines de soins ont été aménagées. Le célèbre coloriste Kim Vo a ouvert un salon juste à côté avec un salon de coiffure pour hommes. ✪ *The Mirage, 3400 Las Vegas Blvd. S • plan P-2 • 702 791 7474.*

4 Spa au Caesars Palace
La décoration reflète la gloire de la Rome antique, et le Spa comporte des thermes romains et d'autres hommages au luxe impérial. Il propose de nombreux soins pour hommes et femmes, ainsi qu'une salle de musculation, un centre de fitness avec mur d'escalade et une salle de yoga. ✪ *3570 Las Vegas Blvd. S • plan P1-2 • 702 731 7776.*

5 Drift Spa
Des pierres noires et de jolis meubles composent le cadre idéal pour une séance de relaxation raffinée. Le menu anti-âge utilise les traditions culinaires de la Turquie, de la Tunisie, du Maroc et de l'Espagne. Des cabines de soins dotées de jardins privatifs sont réservées aux couples. Le Spa comporte d'autres aménagements séduisants, comme des bassins chauds et froids, un hammam turc collectif et un hammam privatif. ✪ *Palms Place, 4381 West Flamingo • plan C4 • 702 944 3219.*

Autres équipements hôteliers p. 14-15, p. 20-23 et p. 32-33

6 Spa au Monte Carlo

Équipement très haut de gamme et service personnalisé sont les atouts de ce Spa à l'ambiance chaleureuse, reconnu dans le monde entier. Hélio-thérapie, enveloppe-ment corporel, gommage du corps, soins du visage et différents massages sont proposés. ✎ Monte Carlo, 15 Las Vegas Blvd. • plan Q2 • 702 730 7590.

Spa Bellagio

7 Grand Spa au MGM

Profitez du forfait le « Dreaming Ritual » comprenant bain de pieds, massage et soin à la boue sur fond de musique aborigène. Il existe aussi des pass valables une journée pour la salle de remise en forme, le sauna et le jacuzzi. Un salon de coiffure surplombe la piscine. ✎ MGM Grand Hotel, 3799 Las Vegas Blvd. S • plan R2 • 702 891 3077.

8 Spa Bellagio

Dans ce luxueux centre de soins à l'italienne, l'élégance du marbre se marie au matériel de fitness dernier cri. La spécialité du Spa est le massage Bellagio Stone, qui associe bain bouillon-nant et pierres avec une technique de rééquilibrage des énergies pour une décontraction totale. Personnel prévenant. ✎ Bellagio Hotel, 3600 Las Vegas Blvd. S • plan Q1-2 • 702 693 7472.

9 Spa au New York-New York

Le Spa, récemment décoré, vous plonge immédiatement dans une atmosphère reposante. Les soins comprennent un gommage du corps Long Island, une manucure New-York et des massages faciaux anti-âge. ✎ New York-New York, 3790 Las Vegas Blvd. S • plan R1-2 • 702 740 6955.

10 Las Vegas Athletic Club

C'est l'un des meilleurs centres de remise en forme de la ville. Il possède tout l'équipement sportif habi-tuel, auquel s'ajoutent des appareils de musculation à réalité virtuelle, des salles d'abdominaux et de cardio et une garderie. Les prix sont raisonnables. ✎ 2655 S. Maryland Pkwy • 702 734 5822.

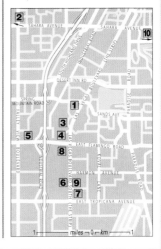

Gauche **Parc à thèmes Bonnie Springs Old Nevada** Droite **Rainbow Theater**

Pour les enfants

Adventuredome

Ce parc de distractions couvert propose une foule de jeux et de manèges qui garderont les enfants occupés pendant des heures. Ils pourront essayer le Canyon Blaster, les montagnes russes ou se faire mouiller dans les embarcations du Rim Runner. Ⓢ *Circus Circus, 2800 Las Vegas Blvd. S • plan M2-N2 • 702 794 3939 • ouv. t.l.j. • EP.*

Siegfried & Roy Secret Garden et Dolphin Habitat

Ces 2 attractions forment un ensemble qui combine éducation et loisirs. Admirez les dauphins d'en haut *(ci-contre)*, puis empruntez le tunnel pour une promenade offrant des vues sous-marines. Le jardin secret est une oasis de verdure peuplée d'habitants peu communs : un léopard des neiges, des panthères, des tigres du Bengale et de très rares lions blancs. On peut y flâner autant qu'on le souhaite.

Dolphin Habitat, Mirage

Ⓢ *The Mirage, 3400 Las Vegas Blvd. S • plan P1-2 • 702 791 7111 • ouv. t.l.j. 11h-17h30 (Secret Garden ferm. t.l.j. 15h30) • EP, EG pour les enfants de moins de 10 ans.*

Rainbow Company

Les enfants, même s'ils ne parlent pas l'anglais, sont généralement fascinés par les adaptations de contes populaires, comme *Cendrillon, La Belle au bois dormant*, ou de l'histoire de *Tom Sawyer*. La troupe est composée de 40 acteurs âgés de 10 à 18 ans. Ⓢ *821 Las Vegas Blvd. N • plan J5 • différents programmes • 702 229 6553 • EP.*

Fontaines interactives

Dans un centre commercial résidentiel, des petits jets d'eau fonctionnent toute la journée par intermittence sur une place bordée de cafés. Les enfants y jouent en maillots de bain tandis que les parents se reposent en terrasse. Ⓢ *Green Valley Town Center, 4500 E Sunset Rd. • plan E5 • EG.*

So Be Ice Arena

La patinoire de So Be Ice Arena dispose d'installations pour le patinage artistique et pour le hockey sur glace et offre en plus la location de patins et les leçons. Ⓢ *Fiesta Rancho Casino Hotel, 2400 N. Rancho Drive • plan B2 • 702 647 7465 • EP.*

6 Las Vegas Mini Grand Prix
Tous les enfants adorent cet endroit à l'écart du Strip où ils trouvent voitures du Grand Prix adultes, karts de sprint, Dragon Coaster, Super Slide et de nombreux jeux vidéo.
◈ *1401 N Rainbow Blvd.* • *plan A2* • *702 259 7000* • *ouv. t.l.j. 10h-22h ; ven. et sam. 10h-23h* • *EP.*

7 Southern Nevada Zoological Park
Le seul zoo du Nevada abrite une foule d'animaux indigènes du Nevada et quelques animaux domestiques que l'on peut observer de près. Il héberge aussi des macaques berbères ainsi que de nombreux autres mammifères, sans oublier les reptiles et les oiseaux. Les enfants adoreront. ◈ *1775 N Rancho Rd.* • *plan J1* • *702 647 4685* • *ouv. t.l.j. 9h-17h* • *EP.*

8 Bonnie Springs Old Nevada
Ce parc au thème Far West, à 45 min à l'ouest du Strip, n'a pas la sophistication de ses homologues de Las Vegas, mais son charme rudimentaire séduit en général les enfants. Leurs attractions favorites sont les scènes de western dans la rue, les promenades en diligence, le zoo et les boutiques qui vendent des articles de l'époque. ◈ *Gunfighter Lane près de Red Rock Canyon* • *702 875 4191* • *ouv. t.l.j. 10h30-17h ; mai-sept. : 10h30-18h* • *EP.*

9 Orleans Bowling Center
Des nombreux bowlings de Las Vegas, l'Orleans, avec ses 70 couloirs, arrive toujours en tête dans les sondages annuels des journaux. Il doit son

Enclos des lions, MGM Grand

succès au cadre spacieux, aux nombreuses tables, au système informatisé dernier cri très précis de comptage des points et au snack très fourni.
◈ *Orleans Hotel, 4500 W Tropicana Avenue* • *plan B4* • *702 365 7400* • *ouv. t.l.j., 24h/24* • *EP.*

10 MGM Grand Lion Habitat
Les animaux sont bichonnés, lavés, séchés et pomponnés tous les jours, avant d'être transportés dans leur enclos du MGM Grand. Les lionceaux sont adorables et ressemblent à d'inoffensifs gros chats. Quand ils sont suffisamment grands pour quitter leur mère, on peut les observer dans une « nursery » où ils s'amusent avec des jouets – et avec les hommes qui les nourrissent et prennent soin d'eux. ◈ *MGM Grand Hotel, 3799 Las Vegas Blvd. S* • *plan R2* • *ouv. t.l.j. 11h-22h* • *EG.*

Pages suivantes **Au cœur du Strip**

VISITER
LAS VEGAS

LAS VEGAS TOP 10

VISITER
LA RÉGION

Gauche **Circus Circus** Centre **Tour du Venetian** Droite **Jets d'eau du Bellagio**

Le Strip

L as Vegas semble être une ville dédiée au spectacle, tout particulièrement le long du Strip. Le boulevard en lui-même est passionnant et recèle de nombreuses attractions dont les promeneurs peuvent librement profiter. Une foule d'hôtels de styles architecturaux différents s'y côtoient : le quartier abrite ainsi un sphinx égyptien, un paradis polynésien et même un château médiéval. De plus, certains de ces casinos offrent un spectacle gratuit devant leurs portes. Enfin, leurs galeries commerçantes sont souvent très agréables, ne serait-ce que pour le lèche-vitrines !

Circus Circus

Les Sirènes du TI

🔟 À ne pas manquer

1. **Sirènes du TI**
2. **Circus Circus**
3. **Jets d'eau du Bellagio**
4. **MGM Grand Lion Habitat**
5. **The Luxor**
6. **Forum Shops au Caesars**
7. **Imperial Palace Auto Collection**
8. **Shark Reef au Mandalay Bay**
9. **Paris Las Vegas**
10. **Volcan du Mirage**

Gondoliers, Venetian

Sirènes du TI

Ce spectacle gratuit, présenté devant l'hôtel, enchante les visiteurs. D'une durée de 23 min, il présente un groupe de pirates aux prises avec des créatures tentatrices : les sirènes de Treasure Island. Combats à l'épée, acrobaties, prouesses pyrotechniques et final digne d'une comédie musicale ont fait de cette représentation un grand succès. Chaque soir, une foule nombreuse vient le voir. ✪ *TI, 3300 Las Vegas Blvd. S • plan P2 • représentations printemps-été :ouv. t.l.j. 19h, 20h30, 22h ; automne-hiver. t.l.j. 17h30, 19h, 20h30, 22h.*

Circus Circus

Depuis près de 30 ans, Circus Circus présente des spectacles fabuleux à des centaines de milliers de spectateurs. Il a programmé des vedettes comme Flying Farfans of Argentina, Charles Charles de Paris et son vélo miniature et l'acrobate russe Valerie Akishin. Les représentations se succédant toutes les demi-heures, il faut y retourner plusieurs fois pour voir les différents numéros. ✪ *2880 Las Vegas Blvd. S • plan M-N2 • spectacle toutes les demi-heures de 11h à minuit • EG.*

Jets d'eau du Bellagio

Défiant la sécheresse et la chaleur du désert environnant, plus de 1 000 jets d'eau exécutent, sur fond de musique classique, un superbe ballet aquatique au-dessus du lac de Bellagio, d'où ils jaillissent à 73 m de hauteur. Le Bellagio ainsi que d'autres établissements du groupe MGM MIRAGE préfèrent l'incandescence au néon. Ce type de lumière transforme le village italien qui borde le lac en une charmante toile de fond pour les eaux dansantes. Un spectacle qui fascine toujours les passants. ✪ *3600 Las Vegas Blvd. S • plan Q1-2 • spectacle toutes les demi-heures, lun.-ven. 15h-20h, sam.-dim. midi-20h, tous les quarts d'heure 20h-minuit t.l.j. • EG.*

MGM Grand Lion Habitat

Le roi des animaux étant l'emblème de la MGM *(ci-dessous)*, un observatoire vitré au milieu de l'enclos des fauves permet d'admirer ceux-ci de très près (frissons garantis !). Lorsqu'ils ne sont pas en représentation, les lions vivent dans un ranch de 3,5 ha où leur habitat naturel a été reconstitué, à 20 km de l'hôtel. ✪ *MGM Grand, 3799 Las Vegas Blvd. S • plan R2 • ouv. 10h-22h • EG.*

Autres spectacles p. 38-39

71

Construction d'un casino

Pour ceux qui aiment voir les activités entourant la construction d'édifices, Las Vegas est un rêve devenu réalité. Le long du Strip et dans les rues adjacentes, condos, casinos, tours d'hôtels s'élèvent à un rythme incroyable. Où que vous alliez, vous verrez des grues lever des poutres et des fondations en cours.

Imperial Palace Auto Collection

The Luxor
5 Cette pyramide de verre foncé abrite un hôtel unique de 30 étages. C'est l'un des édifices les plus reconnaissables de Las Vegas. L'atrium d'une superficie de 820 000 m³ est gigantesque ; il comporte une reproduction grandeur nature du temple de Ramsès II. Un sphinx d'une hauteur de 10 étages (plus haut que l'original) monte la garde. L'hôtel comprend aussi la seule reconstitution grandeur nature, hors de l'Égypte, de la tombe de Toutankhamon. ◈ *Luxor Hotel et Casino, 3900 Las Vegas Blvd. • plan R1 • 702 262 4000.*

Forum Shops au Caesars
6 À la Festival Fountain, on surprend les conversations des statues animées de Bacchus, Vénus, Pluton et Apollon. À l'Atlantis Monument, entre Cheesecake Factory et Race for Atlantis, on assiste à une mini-tragédie jouée par les statues de Neptune et de ses enfants querelleurs. On peut aussi voir d'immenses créatures ailées et entendre un coup de tonnerre terrifiant, digne de la colère des dieux. Certaines boutiques proposent également des distractions : chez Magic Masters, par exemple, une porte secrète mène à la réplique de la bibliothèque de Harry Houdini, le célèbre magicien *(p. 26-27)*.

Imperial Palace Auto Collection
7 Parmi les véhicules exposés (plus de 250), on peut admirer la Lincoln Continental de 1972 d'Elvis Presley et une Rolls Royce Silver Cloud III de 1965 ayant appartenu à l'actrice et productrice américaine Lucille Ball. Il est difficile de croire que chaque pièce de cette collection est à vendre. L'entrée est payante, mais les offices de tourisme et les guides des spectacles distribuent des tickets gratuits. ◈ *Imperial Palace, 3535 Las Vegas Blvd. S • plan P2 • 702 794 3174 • ouv. t.l.j. 9h30-21h30 • EP.*

Shark Reef au Mandalay Bay
8 Cet aquarium de 5,9 millions de litres est absolument fabuleux : il contient des milliers de créatures marines étranges et merveilleuses, comme le dragonnet arowana ainsi que 11 espèces différentes de requins. ◈ *Mandalay Bay Hotel, 3950 Las Vegas Blvd S. • plan R1 • ouv. t.l.j.10h-23h • EP.*

Autres renseignements sur le Strip p. 8-9

9 Paris Las Vegas

Les célèbres monuments parisiens, tels la tour Eiffel et l'Arc de Triomphe, sont reproduits avec art et fidélité, mais à une échelle réduite. Si vous êtes nostalgique de la France, achetez une baguette fraîche au marchand ambulant pour grignoter en écoutant les chansons de Maurice Chevalier, interprétées par un accordéoniste itinérant. ⬧ *3655 Las Vegas Blvd. S • plan Q2.*

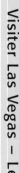

10 Volcan du Mirage

Avec un tel spectacle, il n'est pas étonnant qu'à sa construction, en 1989, le Mirage ait déclenché le boom de l'essor hôtelier des années 1990. Tous les soirs, son volcan artificiel – *de plusieurs millions de dollars (ci-dessous)* – crache le feu à 30 m de hauteur tous les quarts d'heure. Un éclairage ingénieux et des effets de vapeur restituent les coulées de lave avec un bruitage impressionnant, plus vrai que nature. ⬧ *Mirage, 3400 Las Vegas Blvd S. • plan Q1 • éruptions 19h-minuit • EG*

Le Strip en 1 journée

Le matin

Commencez par un petit déjeuner au délicieux Verandah Café au Four Seasons, dans le **Mandalay Bay**. Profitez-en pour admirer les requins à **Shark Reef** en vous réjouissant de ne pas être leur petit déjeuner ! Vous pouvez aussi faire un tour à la **House of Blues** pour sa collection d'art populaire américain.

Remontez le Strip jusqu'au **MGM Grand Lion Habitat** *(p. 71)* et, pour les passionnés d'automobile, poursuivez par l'**Imperial Palace Auto Collection**.

Allez déjeuner au **Fresh Market Square Buffet** du Harrah's *(p. 49)*, en face.

L'après-midi

Le **Forum Shops** est un lieu de perdition pour les amateurs de shopping.

Marchez jusqu'au **Circus Circus** *(p. 71)* ou si vous ne voulez pas vous épuiser, prenez l'autobus CAT ou le monorail, qui desservent tout le Strip. Là-bas, repérez la boutique de *donuts* Krispy Kreme pour une petite pause sucrée ; leurs beignets sont légendaires ! Admirez-vous dans les miroirs déformants puis revenez au **TI** pour voir le spectacle des sirènes.

Traversez la rue jusqu'au Casino Royale, installez-vous près de la fenêtre et dînez devant l'éruption du **volcan du Mirage**. Enfin, marchez jusqu'à la tour Eiffel du **Paris Las Vegas** pour la vue magnifique sur les **jets d'eau du Bellagio** *(p. 71)*.

Se déplacer à Las Vegas p. 114

73

Catégories de prix

Prix par nuit pour	
une chambre double	**$** moins de 50 $
avec petit déjeuner	**$$** 50 $-100 $
(s'il est inclus), taxes	**$$$** 100 $-150 $
et service compris.	**$$$$** 150 $-200 $
	$$$$$ plus de 200 $

Ci-dessus **Caesars Palace**

TOP 10 Hôtels

Grands hôtels à thème
Les 4 hôtels les plus somptueux sont le Bellagio (p. 14-15), le Venetian (p. 20-21), le Mandalay Bay (p. 32) et le Paris Las Vegas (p. 33). Les hôtels Caesars Palace (p. 32), New York-New York (p. 32), Treasure Island (p. 33) et Excalibur (p. 33), plus petits, restent remarquables.

Tropicana
Ce paradis tropical offre cascades, musique et oiseaux exotiques. ✆ 3801 Las Vegas Blvd. S • plan R2 • 800 634 4000 • www.tropicanalv.com • $$$.

Harrah's
Dans les chambres de cet hôtel chaleureux et confortable, une télé permet de jouer au keno. ✆ 3475 Las Vegas Blvd. S • plan P2 • 800 427 7247 • www.harrahs.com • $$$.

Circus Circus
Ce vaste hôtel offre des attractions pour les enfants. ✆ 2880 Las Vegas Blvd. S • plan M-N2 • 800 634 3450 • www.circuscircus.com • $$.

Bally's
Atmosphère détendue, piscine et chambres luxueuses avec vue sur le Strip. ✆ 3645 Las Vegas Blvd. S • plan Q2 • 800 634 3434 • www.ballyslv.com • $$.

Las Vegas Hilton
Elvis Presley est sans conteste la vedette la plus souvent associée à cet hôtel pour les 837 concerts qu'il y a donnés. Les suites décorées selon différents thèmes y sont luxueuses. ✆ 3000 Paradise Rd. • plan N3 • 702 732 5111 • www.hilton.com • $$$$$.

Mirage
Situé au cœur du Strip, le Mirage est célèbre pour son atrium tropical, sa jolie piscine à cascades et les tigres blancs de Siegfried et Roy. ✆ 3400 Las Vegas Blvd. S • plan P1-2 • 702 791 7111 • www.themirage.com • $$$$.

Monte Carlo
Le thème européen est élégamment repris dans les chambres spacieuses équipées de salles de bains en marbre. ✆ 3770 Las Vegas Blvd. S • plan Q1-2 • 800 311 8999 • www.monte-carlo.com • $$.

MGM Grand
Bien qu'il soit l'un des plus vastes hôtels du monde, le Grand a conservé une ambiance très décontractée. Il possède un Spa luxueux. ✆ 3799 Las Vegas Blvd. S • plan R2 • 800 929 1111 • www.mgmgrand.com • $$$.

Luxor
Sa pyramide de 30 étages et son sphinx géant font partie du paysage de Las Vegas depuis 1993. ✆ 3900 Las Vegas Blvd. S • plan R1 • 800 288 1000 • www.luxor.com • $$.

Autres hôtels à thème p. 32-33

Gauche **MGM Grand Arcade** Centre **Gameworks** Droite **Coney Island Emporium**

🔟 Salles de jeu

1 Fantasy Faire
On y retrouve des attractions traditionnelles de fête foraine dans une ambiance médiévale. ❦ *Excalibur, 3850 Las Vegas Blvd. S • plan R1.*

2 Gameworks
L'endroit, très bruyant, occupe un vaste espace au niveau inférieur du Showcase Mall et offre plus de 250 jeux, un mur d'escalade et un restaurant. ❦ *3785 Las Vegas Blvd. S • plan R2.*

3 Tropicana Arcade
Située juste à côté de la piscine, la galerie est idéale pour les parents qui veulent faire une pause pendant que leurs enfants profitent de la trentaine de jeux à leur disposition. ❦ *Tropicana, 3801 Las Vegas Blvd. S • plan C4-5.*

4 Caesars Garden of Games
Dans cette curieuse juxtaposition Rome antique et modernité, des guerriers virtuels combattent dans des jeux vidéo sophistiqués, entre deux colonnes cannelées. ❦ *Forum Shops au Caesars, 3500 Las Vegas Blvd. S • plan P1-2.*

5 MGM Grand Arcade
L'immense galerie possède un grand choix de jeux vidéo, à réalité virtuelle du moment. ❦ *MGM Grand Hotel, 3799 Las Vegas Blvd. S • plan R2.*

6 Sports Zone
Les sports extrêmes, pratiqués sous l'œil de surveillants, sont à l'honneur ici. Un Pizza Hut Express y sert de quoi casser la croûte. ❦ *Las Vegas Hilton, 3000 Paradise Rd. • plan N3.*

7 Midway, Circus Circus
Jeux à gogo, miroirs déformants, stands de hot dogs, machines à pop-corn et autres plaisirs de carnaval. ❦ *Circus Circus, 2880 Las Vegas Blvd. S • plan M-N2.*

8 Coney Island Emporium
Dans un décor années 1940, essayez les versions new-yorkaises de jeux traditionnels et goûtez les spécialités de la grosse pomme. ❦ *New York-New York, 3790 Las Vegas Blvd. S • plan R2.*

9 Monte Carlo Arcade
L'ambiance apparemment moins agitée qui y règne est une bénédiction pour les parents. ❦ *Monte Carlo, 3770 Las Vegas Blvd. S • plan Q1-2.*

10 Jeux vidéo en chambre
La plupart des grands hôtels louent ou prêtent du matériel de jeux vidéo. La loi exigeant la surveillance des moins de 12 ans dans les salles de jeu et le respect du couvre-feu par les moins de 18 ans, nombreux sont les parents à utiliser ce service.

➤ *Autres activités pour les enfants* p. 66-67

Gauche **Les Sirènes du TI** Droite **Forum Shops at Caesars**

Distractions gratuites

Visiter Las Vegas – Le Strip

Les Sirènes du TI

Le spectaculaire combat de pirates présenté régulièrement à l'entrée de l'hôtel *(p. 71)* est incontestablement en tête de la liste. ✦ *Treasure Island Hotel, 3300 Las Vegas Blvd. S • plan P2.*

Parc du Caesars Palace

L'ouverture du Caesars Palace en 1966 a fait l'effet d'une révolution à Las Vegas. Le parc, jalonné de reproductions de statues romaines, reste un enchantement. ✦ *Caesars Palace, 3570 Las Vegas Blvd. S • plan P1-2.*

Paris Las Vegas

Ce n'est certes pas le Paris authentique, mais des détails amusants recréent une ambiance joyeuse et bon enfant *(p. 73)*. ✦ *Paris Las Vegas Hotel, 3655 Las Vegas Blvd. S • plan Q2.*

Gondoliers musiciens du Venetian

Quand ils ne chantent pas en manœuvrant leur bateau, les gondoliers parcourent le casino en interprétant des *arias* italiennes. ✦ *The Venetian, 3355 Las Vegas Blvd S. • plan P2.*

MGM Grand Lion Habitat

Un spectacle unique et impressionnant en l'honneur du symbole de la MGM, le célèbre lion rugissant *(p. 71)*. ✦ *MGM Grand Hotel, 3799 Las Vegas Blvd. S • plan R2.*

Volcan du Mirage

À la nuit tombée, le « volcan » du Mirage entre en éruption tous les quarts d'heure *(p. 73)*. ✦ *Mirage Hotel, 3400 Las Vegas Blvd. S • plan P1-2.*

Silverton Aquarium

L'aquarium d'eau de mer, non loin du Strip, d'une capacité de 440 000 litres abrite plus de 5 000 espèces marines exotiques. ✦ *Silverton Hotel and Casino, 3333 Blue Diamond Rd. • Map B6-C6.*

Jets d'eau du Bellagio

La chorégraphie des jets d'eau devant le Bellagio est un spectacle éblouissant. ✦ *Bellagio, 3600 Las Vegas Blvd. S • plan Q2.*

M&Ms World

Une attraction entière, comprenant un film en trois dimensions, a été créée autour de ces cacahuètes enrobées de chocolat. ✦ *Showcase Mall, 3875 Las Vegas Blvd. S • plan Q2.*

Sphinx, Luxor

On ne peut manquer le sphinx de 10 étages (plus grand que l'original en Égypte) qui garde l'entrée du casino-hôtel Luxor *(p. 72)*. C'est lors de l'atterrissage à l'aéroport McCarran International que l'on en a la meilleure vue. ✦ *Luxor Hotel, 3900 Las Vegas Blvd. S • plan R1.*

Autres distractions gratuites p. 82

Gauche **Volcan du Mirage** Centre **Jets d'eau du Bellagio** Droite **Panneaux du MGM Grand**

🔟 Voir et être vu

Hall du Bellagio
Dans les canapés du hall, on est aux premières loges pour admirer le luxe spectaculaire du Bellagio, à commencer par son plafond superbement conçu *(p. 14)*. Le bar à caviar Petrossian est également un bon observatoire. 🏵 *Bellagio Hotel, 3600 Las Vegas Blvd. S • plan Q1.*

Bancs à Miracle Mile
Des bancs accueillants permettent de contempler l'animation de la galerie, notamment près de Cashman Photos. 🏵 *Planet Hollywood, 3667 Las Vegas Blvd. S • plan Q2.*

Autour des tables de jeu
Les vedettes jouent dans les casinos les plus chic comme le MGM Grand, le Bellagio et le Caesars Palace, notamment entre 23 h et 1 h le week-end.

Mon Ami Gabi
Asseyez-vous à la terrasse de ce café, imprégnez-vous de l'ambiance, juste en face des jets d'eau du Bellagio. 🏵 *Paris Las Vegas Hotel, 3655 Las Vegas Blvd. S • plan Q2.*

Passerelles TI-Venetian et Bellagio-Bally's
En traversant le boulevard par ces ponts, on contemple en contrebas les passants et la circulation du Strip. 🏵 *plan P2-Q2.*

Bodies . . . The Exhibition
Découvrez la beauté du corps humain. Cette exposition au Luxor *(p. 72)* illustre les merveilles de notre organisme. 🏵 *Luxor, 3900 Las Vegas Blvd. S • plan C5.*

Tournages de films
Les passionnés de cinéma peuvent appeler le 702 486 2727. On y apprend chaque jour où se déroulent les castings et les tournages.

Panneaux en fibre optique
Les écrans géants comme celui de l'hôtel MGM sont de plus en plus nombreux sur le Strip. Levez les yeux pour profiter du spectacle. 🏵 *MGM Grand Hotel, 3799 Las Vegas Blvd. S • plan R2.*

Studio 54
Si vous souhaitez croiser des célébrités, réservez une table à la boîte de nuit Studio 54 *(p. 42)* ; elles sont nombreuses à venir danser ici. 🏵 *MGM Grand Hotel, 3799 Las Vegas Blvd S. • plan R2.*

Forum Shops au Caesars
Dans cette galerie, il y a toujours quelque chose à voir. Les cafés, bancs et sièges des machines à sous sont parfaits pour se faire spectateur *(p. 26-27)*. 🏵 *Caesars Palace, 3500 Las Vegas Blvd. S • plan P1-2*

Gauche **Lumières de Glitter Gulch** Droite **Pawn Shop Plaza**

Downtown

Le centre-ville de Las Vegas, Downtown, se situe au-dessus du Strip. Bien moins fastueux, c'est un assemblage de bâtiments administratifs, attractions de fête foraine, casinos ordinaires et magasins de souvenirs ou de prêteurs sur gages. Glitter Gulch, le cœur de ce quartier, bordé par les néons des casinos, est dédié à la vie nocturne et offre, depuis le milieu des années 1990, le fameux spectacle Fremont Street Experience. Cette zone est bien implantée, mais les autorités locales projettent aussi de créer, non loin de Fremont Street, un véritable centre-ville de 30 ha pour servir de vitrine à cette ville qui compte parmi les plus riches des États-Unis.

Gauche **Fremont Street Experience** Droite **Old Las Vegas Mormon Fort Historic Park**

🔟 À ne pas manquer

1. **Glitter Gulch**
2. **Fremont Street Experience**
3. **Casinos de Downtown**
4. **Vue depuis Stratosphere Tower**
5. **Old Las Vegas Mormon Fort Historic Park**
6. **Pawn Shop Plaza**
7. **Bonanza Gift Shop**
8. **Enseigne Vegas Vic**
9. **Machine à sous du Four Queens**
10. **Jackie Gaughan's Plaza Hotel-Casino**

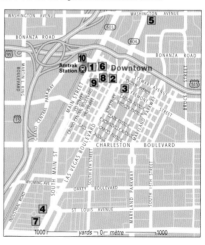

Glitter Gulch

Le quartier appelé Glitter Gulch est constitué d'environ 8 pâtés de maisons sur Fremont Street, entre Main Street et Fourth Street. Ce tronçon abrite la plus forte concentration de néons de la planète. Aux

Stratosphere Tower

enseignes étincelantes des casinos s'ajoutent toutes sortes de panneaux et de lumières *(p. 82)*, créant un spectacle éblouissant. C'est bien sûr le soir que l'éclairage est le plus intense. Dans la rue piétonne, la foule est encore dense bien après minuit, et les distractions contribuent à l'ambiance de carnaval *(p. 12-13)*.

Fremont Street Experience

La partie de Fremont Street associée à Glitter Gulch est aujourd'hui couverte, et abrite un sompteux spectacle gratuit intitulé Fremont Street Experience. Outre l'impressionnant son et lumière tous les soirs *(p. 82)*, des manifestations spéciales ont lieu tout au long de l'année, comme la Saint Patrick en mars *(p. 58)*, Mardi gras en avril, la Pride Parade en mai, la Las Vegas Culture Fest en septembre, la Veteran's Day Parade en novembre et le Holiday Festival en décembre. ◈ *Fremont St. entre Main St. et 4th St. • plan K4.*

Casinos de Downtown

Outre les activités de plein air de Fremont Street, l'action ne manque pas à l'intérieur des casinos. Moins prestigieux que les grands hôtels du Strip, les clubs de Downtown sont

chargés d'histoire – certains datent des années 1940 – et réputés pour leurs repas bon marché.

Vue depuis Stratosphere Tower

Par temps clair, la vue depuis le haut de la tour porte sur une partie de l'Arizona et de la Californie. Grâce aux ascenseurs ultrarapides, on atteint en 40 secondes l'étage panoramique, vitré du sol au plafond et situé à 275 m d'altitude. Stratosphere Tower est très fréquentée la nuit tombée, car on peut alors observer les lumières hypnotiques de Glitter Gulch et du Strip. ◈ *2000 Las Vegas Blvd. S.à l'angle de Main St • plan M3 • EG.*

Old Las Vegas Mormon Fort Historic Park

En 1855, les mormons construisent le fort avec un comptoir commercial pour se défendre contre les Amérindiens (qui s'avèrent pacifiques). C'est le plus vieil édifice de ce style au Nevada, mais il ne subsiste de l'original qu'un petit bâtiment en pisé qui faisait autrefois partie de la zone à palissade. ◈ *500 Washington Ave E • plan J5 • ouv. t.l.j. 8h30-16h30, sauf entre Noël et le 1er janv. • 702 486 3511 • EP.*

⟴ *Autres renseignements sur Glitter Gulch p. 12-13*

Vegas Vic, emblème de Glitter Gulch

6 Pawn Shop Plaza

Dans le quartier des monts-de-piété, radiocassettes, bagues en diamant, fausses montres Rolex, tronçonneuses, ponceuses à courroie, crics et des centaines d'articles en tout genre ayant appartenu à des joueurs qui ont tout perdu sont entassés sur les comptoirs ou accrochés au plafond des boutiques. La loi du Nevada autorisant un intérêt mensuel de 10 % sur les avances des prêteurs sur gages, peu d'objets sont retirés. ◉ *Sur First St. au nord et au sud du carrefour de Fremont St. • plan J4.*

7 Bonanza Gift Shop

Cet immense magasin de souvenirs *(ci-contre)* abrite des merveilles, telles que des machines à sous miniatures, des autocollants coquins, des écussons à l'effigie d'Elvis, des chapeaux pailletés, des dés à jouer personnalisés ou encore des sièges de toilettes incrustés de jetons de poker. Le lieu est bondé de visiteurs. ◉ *2460 Las Vegas Blvd. S • plan M3.*

Le Nouvel An à Glitter Gulch

Traditionnellement, les habitants fêtent la Saint-Sylvestre à Glitter Gulch. Depuis la création de Fremont Street Experience, les festivités n'ont cessé de s'améliorer : concerts et autres spectacles, buffets et boissons, compte à rebours jusqu'à minuit, feux d'artifice et bals de rue, avec bien sûr, cotillons, pétards et serpentins. Cependant, contrairement à la plupart des manifestations de Fremont Street qui ont lieu tout au long de l'année, ces réjouissances ne sont pas gratuites.

8 Enseigne Vegas Vic

Cow-boy en néon de 16 m de haut, Vegas Vic est un survivant des premiers casinos. Autrefois animé, il fumait et saluait les visiteurs en disant : « Salut camarade, bienvenue à Las Vegas. » Aujourd'hui, l'icône de Glitter Gulch fonctionne rarement mais sert toujours de toile de fond à des milliers de photos-souvenirs. ◉ *25 Fremont Street • plan K4.*

Mormon Fort

Machine à sous du Four Queens

D'après le Guinness World of Records Museum, l'énorme engin à 8 rouleaux du casino-hôtel Four Queens est la plus grande machine à sous du monde. Haute de 3 m et large de 6 m, elle permet à 6 joueurs d'y insérer simultanément des jetons allant de 1 à 3 $. Tandis qu'un employé tire la poignée géante, les combinaisons gagnantes s'affichent sur la machine. Si vous souhaitez tenter votre chance, n'oubliez pas que plus une machine a de rouleaux, plus il est difficile de tomber sur la bonne combinaison. ⊗ *202 E Fremont St.* • *plan K4.*

Jackie Gaughan's Plaza Hotel-Casino Railroad Station

Depuis Main Street, Jackie Gaughan's ressemble à n'importe quel autre établissement de Las Vegas, mais à l'arrière, il est bordé par une voie ferrée. Ce casino, créé dans les années 1970, est le seul à avoir été construit autour d'une gare de l'Union Pacific Railroad. Une carte de l'itinéraire du chemin de fer entre la côte ouest et l'est de l'Utah est illustrée par une vieille locomotive à vapeur et un train à grande vitesse futuriste. Attention, Main Street Station est plus au nord. ⊗ *1 Fremont St à Main Street* • *plan J4.*

Soirée à Downtown

En fin d'après-midi

En milieu ou en fin d'après-midi, faites un tour au **Mormon Fort** *(p. 79)*. Prévoyez du temps pour cette visite si vous êtes amateur d'histoire.

Flânez ensuite au **Bonanza Gift Shop**. Jetez un coup d'œil sur **Pawn Shop Plaza** tant qu'il fait encore jour. Quand les lumières de Fremont Street s'allument, découvrez la vie nocturne de **Glitter Gulch** *(p. 79)*.

Dînez dans l'un des meilleurs restaurants du centre comme Vic and Anthony au Golden Nugget Casino (129 Fremont St.), dans un décor noir et blanc, ou au romantique Hugo's Cellar au Four Queens (202 Fremont St.).

Le soir

Flânez dans la zone piétonne de Fremont Street au gré des boutiques et des marchands ambulants. Si vous voulez jouer, essayez le casino de l'hôtel El Cortez (600 Fremont St.).

Passez devant la gare de la **Plaza** et continuez jusqu'à Main Street Station. Prenez le plan indiquant les éléments les plus intéressants du bâtiment, comme les réverbères importés de Bruxelles et un morceau du mur de Berlin.

Retournez à **Fremont Street Experience** *(p. 79)* pour le son et lumière puis terminez la soirée par la superbe vue du haut de **Stratosphere Tower** *(p. 79)*.

Gauche **Cocktail de crevettes du Golden Gate** Droite **Sport Club Hall of Fame**

10 Restaurants et distractions bon march

1 Fremont Street Experience
Sept spectacles son et lumière sont présentés sur la voûte *(p. 79)* toutes les heures jusqu'à minuit : *Queen Tribute, Aria, Lucky Vegas, Above and Beyond, Fahrenheit, Area 51* et *Ophelia's Dream*. On croise aussi des artistes de rue et des groupes sur des scènes mobiles. ◈ *Plan K4.*

2 In-N-Out Burger
La plus vieille chaîne de drive-in des États-Unis est l'endroit idéal pour ceux qui sont affamés et pressés. ◈ *4888 Dean Martin Dr. • Plan R1.*

3 Cocktails de crevettes fraîches au Golden Gate
C'est depuis des années le plat sacrifié du Golden Gate qui en a vendu plus de 35 millions à ce jour, au prix de 99 cents. ◈ *1 Fremont Street • plan K4.*

4 Sport Club Hall of Fame
Ce musée gratuit installé dans le hall d'un hôtel présente, entre autres, des battes maniées par les meilleurs joueurs de base-ball et des vues aériennes de grands stades. ◈ *Las Vegas Club, 18 Fremont Street • plan K4.*

5 Margaritas de Sam Boyd
Les connaisseurs jurent que ces margaritas à 99 cents valent toutes celles qui se vendent ailleurs beaucoup plus cher. ◈ *Sam Boyd's Fremont Hotel and Casino, 200 Fremont Street • plan K4.*

6 Lucky 7's Buffet
À une petite promenade de Fremont Street Experience *(p. 79)*, le buffet du Plazza est apprécié des amateurs de viande. Il coûte 7,77 $ par personne et il est accessible toute la journée. ◈ *Plaza Las Vegas Hotel & Casino, 1 Main St. S • K4.*

7 Sourdough Cafe
Témoin d'une époque disparue, cette cafétéria sans prétention, d'un casino de l'est de Las Vegas sert des œufs au jambon ou un steak pour 3,29 $, 24 h/24. ◈ *Arizona Charlie's Boulder Casino, 4575 Boulder Hwy. • plan E4.*

8 Hot dogs du Golden Gate
Au bar sportif du casino (où l'on parie sur les manifestations sportives), saucisses de Francfort et choucroute sont servies par un vendeur ambulant. Les hot dogs coûtent 75 cents.

9 Machines de vidéo poker à un cent
On ne trouve plus les machines à sous à un cent des premiers casinos que dans de rares établissements, comme le Four Queens. ◈ *Four Queens Hotel and Casino, 202 E Fremont St. • plan K4.*

10 Monorails
Il y a 3 monorails qui parcourent le Strip : le Sahara-MGM Grand (aller 5 $, pass pour la journée15 $), le TI-Mirage (gratuit) et l'Excalibur-Mandalay Bay (gratuit).

Gauche **Marchand ambulant** Centre **Bonanza Gift Shop** Droite **Enseigne de Ray's Beaver Bag**

🔟 Où faire du shopping

⒈ Gambler's Book Shop
On y trouve des ouvrages, des logiciels et des vidéos sur les machines à sous, les courses hippiques, les jeux de cartes, la gestion des casinos, la probabilité et les stratégies de jeu.
🔊 *630 S 11th Street • plan K5.*

⒉ Ray's Beaver Bag
Les articles évoquent la vie des pionniers : ponchos de laine, sacs en peau de castor, sousvêtements en flanelle rouge et mousquets à poudre noire.
🔊 *727 Las Vegas Blvd. S • plan K4.*

⒊ The Attic
Dans ce qui serait le plus grand magasin de vêtements d'occasion du monde, une foule jeune et branchée fait du neuf avec du vieux. Même le bâtiment a un petit air rétro *(voir aussi p. 91.)* 🔊 *1018 S Main Street • plan C3.*

⒋ Gambler's General Store
Cet immense magasin est consacré aux articles de jeu : tables de dés, roulettes, anciennes machines à sous et « sabots » de black-jack. L'endroit ne fascine pas que les joueurs.
🔊 *800 S Main Street • plan K4.*

⒌ Bonanza Gift Shop
Le stock de cet immense magasin est d'une diversité inimaginable *(p. 80)*. On y trouve tout ce qui peut constituer le souvenir d'un séjour dans la capitale mondiale du jeu.
🔊 *2460 Las Vegas Blvd. S • plan M3.*

⒍ Las Vegas Premium Outlets
Les 120 boutiques de ce centre commercial vendent de multiples vêtements, produits domestiques, cadeaux, bijoux et aliments. On y trouve des succursales de Banana Republic, Armani, Exchange et Coach.
🔊 *875 S Grand Central Parkway • plan J3.*

⒎ Red Rooster Antique Mall
Située dans le quartier des arts de la ville, cette coopérative se spécialise dans la vente d'objets de collection du XXe s. (accessoires des années 1950 et vêtements *vintage*). Nombreux vendeurs indépendants. 🔊 *1109, Western Ave. • plan L3.*

⒏ Beef Jerky Store
Cette « épicerie » propose saumon fumé, soja rôti, prunes séchées, *biscotti* et des dizaines de variétés de *jerky* (viande séchée au soleil).
🔊 *112 N. 3rd Street • plan J4.*

⒐ El Portal Southwest
Les Amérindiens vendent leurs propres produits dans le bâtiment historique du cinéma El Portal. 🔊 *310 Fremont St. • plan K4.*

⒑ Marchands ambulants
Des stands répartis proposent lunettes de soleil, moulins à vent, jouets rembourrés, casquettes de base-ball et différents modèles de petites voitures. 🔊 *Plan K4.*

Gauche **Las Vegas Speedway** Centre **Chinatown Plaza** Droite **Henderson Farmers Market**

Autour du centre

Si l'on s'éloigne un peu des artifices du centre-ville, Las Vegas présente un tout autre visage. Derrière les néons se cache une ville semblable aux autres villes américaines, avec plus de 500 églises, d'excellents foyers municipaux, des parcs et des terrains de jeux. Les centres médicaux mènent d'importantes recherches, et des spectacles culturels ont lieu presque tous les soirs. Las Vegas est également une ville en plein essor avec de nombreux quartiers ethniques.

Gauche **Jardin botanique de l'UNLV** Droite **Campus de l'UNLV**

10 À ne pas manquer

1. Chinatown Plaza
2. Foxridge Park
3. Campus de l'UNLV
4. Nevada State Museum
5. Ethel M. Chocolate Factory
6. Las Vegas Speedway et Carroll Shelby Museum
7. Show in the Sky à Masquerade Village
8. Sunset Park
9. Marjorie Barrick Museum of Natural History
10. Henderson Farmers Market

Chinatown Plaza

Toits en pagode, entrée chinoise traditionnelle et statue du mythique moine Tripitaka entouré de ses compagnons – un cochon, un soldat et un singe : Chinatown Plaza marie plaisamment l'Orient et l'Occident. Les magasins sont spécialisés dans les produits américains et orientaux et dans les articles asiatiques de luxe. Des airs de musique chinoise flottent dans les allées couvertes où une petite pluie très fine rafraîchit les clients en été. La galerie Valley Oriental Arts and Crafts et le fleuriste Chinatown sont d'excellentes adresses ; n'hésitez pas à vous y arrêter. Les restaurants sont, naturellement, les meilleurs de la ville pour la cuisine asiatique. ◈ *4215 Spring Mountain Rd. • plan B4.*

Foxridge Park

Depuis 1994, ce parc, l'un des plus agréables de la région, accueille en septembre l'excellent festival Shakespeare in the Park, qui propose chaque année une pièce du dramaturge, toujours jouée à guichets fermés. Avant la représentation, le Green Show présente mimes, jongleurs et chanteurs de madrigal. ◈ *Valle Verde Drive juste au N de Warm Springs Rd., Henderson • plan E6.*

Campus de l'University of Nevada Las Vegas (UNLV)

Le campus de l'Université du Nevada à Las Vegas, fondée en 1957, est l'un des lieux de promenade favoris des habitants. Les bâtiments de l'université sont quelconques, mais le parc est arboré et ombragé et, en début de soirée, les sentiers sont peu fréquentés pour le bonheur de tous. On y trouve également un charmant jardin de cactées. ◈ *4504 S Maryland Parkway • plan Q4.*

Nevada State Museum et Société historique

Le réseau des musées de l'État du Nevada est l'un des meilleurs du pays, et son antenne de Las Vegas mérite une visite. Elle met l'accent sur l'anthropologie et l'histoire naturelle du sud du Nevada, avec des dioramas et des animaux empaillés tels des moutons Bighorn, cougars et autres bêtes impressionnantes. Sur un thème différent, l'exposition « Cowboy Up », passionnante, revient sur plus d'un siècle de rodéo. Le musée abrite aussi des présentations temporaires d'objets *(voir aussi p. 45).* ◈ *700 Twin Lakes Drive • plan J1 • 702 486 5205 • ouv. t.l.j. 9h-17h.• EP*

Chinatown Plaza

Casinos de quartier

Bien que Las Vegas soit depuis 30 ans une ville tentaculaire, dotée de centres commerciaux et de divers quartiers d'affaires, la majorité des casinos et hôtels était concentrée dans 2 secteurs : à Downtown et le long du Strip. L'explosion démographique des années 1980 a suscité la construction de nombreux établissements de quartier. Les joueurs qui ne craignent pas de s'éloigner des néons sont agréablement surpris d'y trouver une atmosphère chaleureuse et un cadre charmant *(p. 88).*

5 Ethel M. Chocolate Factory

Lors de la visite gratuite de cette chocolaterie, on découvre les cuisines vitrées et immaculées, où les confiseurs concoctent minutieusement leurs créations, mais aussi le fonctionnement des grosses machines en Inox, avant d'admirer les friandises, enveloppées dans des papiers multicolores. Un chocolat est offert à chacun à la fin du circuit. Devant la fabrique, un beau jardin de cactées renferme des plantes clairement identifiées. ✆ *2 Cactus Garden Drive, Henderson • plan E5 • ouv. t.l.j. 8h30-18h • EG.*

Ethel M. Chocolate Factory

Sunset Park

6 Las Vegas Speedway et Carroll Shelby Museum

Achevé en 1996, ce circuit de 142 000 places est la 1re grande piste de course automobile du Sud-Ouest américain depuis ces 30 dernières années. Sa superficie de plus de 600 ha renferme 14 circuits, des espaces de restauration, une chapelle nuptiale dont les vitraux évoquent le thème des courses, 3 étages de tribunes en plein air, des salles de réception VIP et 102 luxueuses loges avec balcon au dernier étage. D'importantes courses ont lieu sur ce site, notamment la Sam'sTown 300. Un musée est consacré au pilote Carroll Shelby et à ses splendides voitures. ✆ *6755 Speedway Blvd. • 702 644 4444 • plan E1 • tél. pour les horaires d'ouv. et des vis. guid.*

7 Show in the Sky à Masquerade Village

Avec ses jardinières et ses balcons, l'architecture du complexe est inspirée d'un village de pêcheurs idyllique d'Italie du Nord. Le *Show in the Sky* met en scène 4 chars somptueux, qui suivent une piste suspendue au-dessus de l'enceinte du village et depuis lesquels des artistes costumés jettent des perles et des babioles sur le public. ✆ *Rio Suite Hotel, 3700 W Flamingo Rd. • plan C4 • 702 252 7777 • spectacle toutes les heures 15h-21h30 • EP pour les chars.*

8 Sunset Park

Ce parc, très apprécié, permet de pratiquer basket-ball, tennis, jogging *(p. 61)* et natation dans la piscine, de faire de la voile et de pique-niquer dans un cadre idéal. Une piste est réservée aux chiens. *2601 E Sunset Rd. • plan D5.*

9 Marjorie Barrick Museum of Natural History

Le musée est consacré aux mammifères du désert, reptiles et insectes du Sud-Ouest. Il abrite aussi des objets relatifs à l'anthropologie, à l'archéologie et à l'architecture locales. *UNLV campus • plan Q4 • 702 895 3381 • ouv. lun.-ven. 9h-17h, sam. 10h-17h • donations bienvenues.*

10 Henderson Farmers Market

Ce marché créé en 1999 s'agrandit chaque saison. Les artisans y proposent porcelaines, poupées de chiffons ou jeux d'échecs, et les fermiers des vallées californiennes viennent y vendre leurs produits. L'été, ils sont rejoints par les cultivateurs du Nevada. *Civic Center Plaza, 240 Water St., Henderson • plan G6 • 702 565 2181 • ouv. jeu. 11h-18h.*

Masquerade Village in the Sky

Deux excursions autour du centre

Le matin

Commencez par une balade matinale sur le campus de l'UNLV avec un arrêt au **Marjorie Barrick Museum of Natural History**.

Traversez en voiture la Green Valley en direction de **Foxridge Park** *(p. 85)*, où se trouvent des attractions destinées aux enfants. Continuez vers **Ethel M. Chocolate Factory** pour la visite gratuite et profitez-en pour vous promener dans le jardin de cactées.

En rentrant à l'hôtel, déjeunez à l'une des terrasses qui entourent les **fontaines interactives du Green Valley Center** *(p. 66)*. Le jeudi, vous pouvez passer par **Henderson Farmers Market**.

L'après-midi

Commencez par le **Nevada State Museum et Société historique** *(p. 85)*. Si vous êtes amateur de course automobile, continuez par **Las Vegas Speedway**.

À **Chinatown Plaza** *(p. 85)*, le magasin de produits diététiques et d'herboristerie recèle de nombreux remèdes, comme l'hippocampe séché (pour les reins) ou les ailerons de requin.

Après le shopping, montez à l'étage de la Plaza pour dîner à l'un des nombreux restaurants asiatiques : Pho Vietnam Restaurant, Kapit Bahay Filipino Fast Food, Sam Woo BBQ et Mother Grill.

Gauche **J. W. Marriott Las Vegas** Centre **Sunset Station** Droite **Texas Station**

Casinos

1 Rio
Le Rio offre plus de machines de vidéo poker que ses concurrents, et l'ambiance chaleureuse d'un casino fréquenté par une fidèle clientèle locale *(p. 36)*. ◈ *3700 W Flamingo Rd. • plan C4 • 702 252 7777.*

2 J. W. Marriott Las Vegas
Idéal dans la journée pour jouer au calme, dans un cadre reposant et élégant *(p. 36)*.
◈ *221 N Rampart Blvd. • plan A3 • 702 869 7777.*

3 Santa Fe Station
Cette salle de jeu de taille moyenne (2 900 machines à sous) est principalement fréquentée par les habitants. C'est l'un des casinos excentrés les plus agréables *(p. 36)*. ◈ *4949 N Rancho Drive • plan A1 • 702 658 4900.*

4 Hyatt Regency Lake Las Vegas
De loin le meilleur cadre avec vue panoramique sur le lac et les montagnes *(p. 37)*. ◈ *101 Monte Lago Blvd., Henderson • plan H4 • 702 567 1234.*

5 Fiesta Rancho
Ambiance de fête avec des serveuses vêtues de satin aux couleurs éclatantes et des tapis aux motifs gais *(p. 37)*. ◈ *2400 N Rancho Drive • plan B2 • 702 631 7000.*

6 Texas Station
Roues de chariot et barils de poudre à canon évoquent une ville du XIXe s. dans l'État du Texas. ◈ *2101 N Rancho Drive • plan B2 • 702 631 1000.*

7 Sunset Station
Dédié à la Méditerranée, ce casino aux balcons en fer forgé bénéficie d'un éclairage naturel très agréable. ◈ *1301 W Sunset Rd., Henderson • plan F6 • 702 547 7777.*

8 Sam's Town
L'un des plus grands casinos excentrés avec 3 300 machines à sous, de vidéo poker et de keno. ◈ *5111 Boulder Hwy., Las Vegas • plan E4 • 702 456 7777.*

9 The Orleans
Une ambiance de carnaval règne dans ce casino inspiré du Vieux Carré de La Nouvelle-Orléans. ◈ *4500 W Tropicana Ave. • plan B4 • 702 365 7111.*

10 Arizona Charlie's
Avec ses lustres en ramure de cerf, ce lieu évoque un ranch. On y joue notamment au Pai gow poker et au Royal Match 21. ◈ *740 S Decatur Blvd. • plan B3 • 702 258 5200.*

 Autres hôtels et casinos à Las Vegas p. 32-37

Catégories de prix

Prix par nuit pour une	**$** moins de 50 $
chambre double avec	**$$** 50 $-100 $
petit déjeuner (s'il	**$$$** 100 $-150 $
est inclus), taxes	**$$$$** 150 $-200 $
et service compris.	**$$$$$** plus de 200 $

Gauche **Polo Towers** Droite **L'hôtel Rio**

Hôtels et motels

J. W. Marriott Las Vegas
Il se compose de 2 hôtels, Palms Tower et Spa Tower et abrite d'excellents restaurants. *221 N Rampart Blvd. • plan A3 • 702 869 7777 • $$$$.*

Loews Lake Las Vegas
Ce paradis du golf bénéficie d'équipements haut de gamme dans ses 496 chambres. *101 Monte Lago Blvd., Henderson • plan H4 • 702 567 1234 • $$$$$.*

Polo Towers
Dans cette résidence, les appartements se louent à la journée en l'absence des propriétaires. *3745 Las Vegas Blvd. S • plan C4 • 702 261 1000 • $$$.*

Rio All-Suite Hotel
Parfait pour ceux qui veulent séjourner dans un complexe hôtelier à l'écart de la foule du Strip (p. 33). *3700 W Flamingo Ave. • plan C4 • 888 396 2483 • $$$.*

Palms Hotel & Casino
Avec ses 425 chambres, cet hôtel semble petit comparativement aux critères en vigueur à Las Vegas. Sa boîte de nuit attire une nombreuse clientèle jeune et branchée. *4321 W Flamingo Rd. • plan C4 702 942 7777 • $$$.*

Courtyard by Marriott
Prisé par les participants des salons professionnels, cet hôtel offre le privilège de déjeuner loin de la cohue. *3275 Paradise Rd. • plan C4 • 702 791 3600 • $$$$.*

The Orleans
Hôtel inspiré du Vieux Carré français de La Nouvelle-Orléans, avec fenêtres à volets et balcons en fer forgé. *4500 W Tropicana Ave. • plan B4 • 702 365 7111 • $$.*

Sunset Station
Profitez des atouts de la ville dans un complexe éloigné du Strip : achats à la Galleria (p. 52), golf et casino. *1301 W Sunset Rd., Henderson • plan F6 • 702 547 7777 • $$$.*

Ritz Carlton
Cet hôtel de style méditerranéen dispose de 349 chambres luxueuses avec vue sur les montagnes ou le lac. Le restaurant et le Spa sont exceptionnels. *1610 Lake Las Vegas Parkway, Henderson • plan H4 • 702 567 4700 • $$$$$.*

Le Santa Fe
Le Santa Fe séduit les amateurs de vacances sportives avec sa patinoire et ses allées de quilles. Possibilités de forfaits golf. *4949 N Rancho Drive • plan A1 • 702 658 4900 • $$.*

Remarque : Tous les hôtels indiqués acceptent les cartes de paiement, et toutes les chambres disposent d'une salle de bains et sont climatisées.

89

Catégories de prix

Pour un repas avec entrée, **\$** moins de 20 \$
plat, dessert et une demi- **\$\$** 20 \$ - 30 \$
bouteille de vin (ou repas **\$\$\$** 30 \$ - 45 \$
équivalent), taxes et **\$\$\$\$** 45 \$ - 60 \$
service compris. **\$\$\$\$\$** plus de 60 \$

Gauche **Wienerschnitzel** Centre **Big Mama's**

🔟 Restaurants familiaux

1 Fatburger
Ce restaurant sert les meilleurs hamburgers frites maison de la ville. Le décor, de style années 1950, est agrémenté d'un vieux juke-box au charme suranné. 🔍 *4851 Charleston Blvd.* • *plan C3* • *702 870 4933* • *\$.*

2 Hard Rock Café
Énormes club sandwichs bacon-laitue-tomate, excellents hamburgers et tourtes aux pommes fraîches. 🔍 *4475 Paradise Rd.* • *plan Q3* • *702 733 7625* • *\$\$.*

3 Original Pancake House
Portions copieuses pour des crêpes divines aux innombrables variétés : myrtille, pomme, crêpes allemandes de la taille de l'assiette et crêpes au babeurre de la taille d'une pièce de monnaie.
🔍 *4833 W Charleston Blvd.* • *plan B3* • *702 259 7755* • *\$.*

4 Omelet House
Les portions servies aux moins de 10 ans pour le petit déjeuner sont suffisamment copieuses pour satisfaire un appétit d'adulte. 🔍 *2160 W Charleston Blvd.* • *plan L2* • *702 384 6868* • *\$.*

5 Wienerschnitzel
Ce drive-in propose des hotdogs traditionnels à la moutarde et aux pickles. 🔍 *4001 W Sahara Ave.* • *plan B3* • *702 362 0418* • *\$.*

6 Romano's Macaroni Grill
Bruschetta avec un choix de garnitures, mozzarella frite, *panini* italien et pâtes appétissantes.
🔍 *2400 W Sahara.* • *plan B3* • *702 248 9500* • *\$\$.*

7 Souper Salad
Soupes, muffins et salades très bon marché. Les enfants peuvent manger pour moins de 1 \$ le dimanche. 🔍 *2051 N Rainbow Blvd.* • *plan A2* • *702 631 2604* • *\$.*

8 Big Mama's Rib Shack and Soul Food
Plats créoles et cajuns : *jambalaya*, croquettes de poisson et tourte aux patates douces.
🔍 *2230 W. Bonanza Rd.* • *plan D3* • *702 597 1616* • *\$.*

9 Jamm's
C'est un endroit idéal pour le petit déjeuner : délicieux pain perdu et œufs. 🔍 *1029 S Rainbow Blvd.* • *plan A4* • *702 877 0749* • *\$\$.*

10 Buca di Beppo
Une cuisine italienne familiale, accompagnée de vins corsés. Idéal pour le soir.
🔍 *412 East Flamingo Rd.* • *plan Q3* • *702 866 2867* • *\$\$.*

Autres buffets et brunchs **p. 48-49**

Gauche **Fantastic Indoor Swap Meet** Centre **The Attic Rag Co.** Droite **Chinatown Plaza**

🔟 Achats

Chinatown Plaza
Ce centre commercial s'adresse aussi bien à l'importante communauté asiatique de la ville qu'aux nombreux visiteurs venus du monde entier. En période de fête *(p. 58)*, les comptoirs croulent sous les gâteaux et friandises des grands jours *(p. 85)*.

The Attic Rag Co.
The Attic est la plus grande friperie du monde : toques et diamants fantaisie des années 1940, smokings des années 1960, minishorts et lunettes pailletées des années 1950, il y en a pour tous les goûts. ✎ *1018 S Main St. • plan K3 • www.atticvintage.com*

Sampler Shoppes Antiques & Collectibles Mall
On y trouve des souvenirs de casinos et le plus grand choix d'antiquités de Las Vegas. ✎ *6115 W Tropicana Ave. • plan D4.*

Las Vegas Outlet Center
Fabuleux magasin d'usine pour les amateurs de luxe à bas prix *(p. 53)*. ✎ *7400 Las Vegas Blvd. S • plan C6.*

Fantastic Indoor Swap Meet
Cet équivalent américain du marché aux puces européen propose ustensiles de cuisine d'époque, chaînes de pneus, chaises dépareillées, vaisselle et verrerie, etc. Pour ceux qui aiment chiner. ✎ *Decatur Blvd. à W Oakey • plan B3 • ouv. le week-end.*

Cost Plus World Market
Beaux articles importés du monde entier : vaisselle, meubles, alimentation et objets d'art. ✎ *3840 S Maryland Parkway • plan D4.*

Shepler's
Les cow-boys du Nevada y achètent leurs cravates ficelles, bottes, canadiennes, gros ceinturons et chapeaux. ✎ *3035 E Tropicana Ave. • plan D5.*

Serge's Showgirl Wigs
Cette boutique de postiches est fréquentée par les meilleurs coiffeurs des spectacles musicaux et films hollywoodiens. ✎ *953 East Sahara Ave. • plan D3.*

Bell, Book, & Candle
Leçons de sorcellerie, talismans, boules de cristal, tarots et autre matériel de divination. ✎ *1725 E Charleston Blvd. • plan D3.*

Thriller Clothing
Maillots de bain provocants, chaussures sexy et tenues de soirée dites « bon chic bon genre ». ✎ *855 E Twain Ave. • plan E4.*

Autres magasins p. 52-55, p. 83 et p. 116

Gauche **Hoover Dam** Centre **Boulder City/Hoover Dam Museum** Droite **Croisière sur le Lake Mead**

Lake Mead, Hoover Dam et Laughlin

 Le barrage Hoover a réellement changé le visage de l'Ouest américain. Il a permis de produire de grandes quantités d'énergie électrique et d'assurer une réserve d'eau fiable tout en supprimant les inondations, favorisant ainsi l'agriculture des vallées californiennes. Il a favorisé l'essor d'autres sites du Nevada – Lake Mead, Boulder City et la ville de Laughlin – qui ont injecté des milliards de dollars dans l'économie de l'État et généré des équipements de loisirs pour des centaines de millions de visiteurs.

Gauche **Vue depuis Hoover Dam Visitor Center** Droite **Lake Mead**

🔟 À ne pas manquer

1 Visite du Hoover Dam
2 Quartier historique de Boulder City
3 Boulder City/Hoover Dam Museum
4 Lake Mead National Recreation Area
5 Marinas et plages du Lake Mead
6 Casino Row à Laughlin
7 Lake Mojave
8 Pétroglyphes près de Laughlin
9 Oatman, Arizona
10 Avi Resort and Casino

Visite du Hoover Dam

Visite du Hoover Dam

Un guide entraîne les visiteurs au cœur de ce gigantesque ouvrage pour découvrir l'histoire, la construction et le fonctionnement du barrage. Le Bureau of Reclamation a investi 125 millions de dollars dans la création en 1995 d'un impressionnant bureau d'accueil et d'un parking. Le centre circulaire à 3 niveaux, avec belvédère sur le toit, salle de spectacle tournante et galerie, relate l'histoire passionnante de la colonisation de la basse vallée du Colorado et présente l'étonnante technologie mise en œuvre pour produire et distribuer l'énergie hydroélectrique (p. 10). ✪ Visitor Center, Hoover Dam • 702 294 3521 • réservations vis. guid. 866 291 8687.

Quartier historique de Boulder City

Pour apprécier l'étendue des travaux entrepris, il est intéressant de compléter la visite du barrage Hoover par celle de Boulder City, ville bâtie à la seule fin d'héberger les ouvriers employés à la construction du site. Les édifices les plus imposants sont le Bureau of Reclamation et le Bureau of Power and Light, le Municipal Building et le Boulder Dam Hotel. Mais les principales constructions sont les maisons à 2 ou 3 pièces destinées aux ouvriers (p. 11). ✪ Renseignements au Hoover Dam Museum • Hwy. 93 à Lakeshore Rd. • 702 294 1988.

Boulder City/ Hoover Dam Museum

Ce musée est installé dans le Boulder Dam Hotel construit en 1933 dans le style colonial hollandais. L'acteur Boris Karloff et d'autres stars de Hollywood séjournèrent à l'hôtel au temps de sa gloire. Le prince héritier Olav et la princesse Martha de Norvège y organisèrent une réception en 1939. Situé en dehors de la ville, l'établissement déclina après la guerre, quand Las Vegas connut un essor touristique, mais un groupe de bénévoles entreprit de le réhabiliter au milieu des années 1990. Le musée abrite des souvenirs des années 1930 (p. 11). ✪ 1305 Arizona St., Boulder City • 702 294 1988 • ouv. t.l.j. lun.-sam. 10h-17h, dim. 12h-17h • EP.

Lake Mead National Recreation Area

Après l'achèvement du barrage Hoover en 1935, les eaux du Colorado ont comblé les canyons profonds qui surplombaient jadis le fleuve et créé un immense réservoir. Avec ses 1 120 km de rives, ce lac est le cœur de la vaste zone de loisirs du Lake Mead, qui couvre 600 000 ha. ✪ Renseignements à l'Alan Bible Visitor Center • Highway 93 à Lakeshore Rd. • 702 293 8990 • www.nps.gov/lame

Quartier historique de Boulder City

 Autres renseignements sur le Hoover Dam p. 10-11

L'histoire de Laughlin

En 1966, la même semaine que l'inauguration du Caesars Palace à Las Vegas, Don Laughlin, receveur des postes, ouvrait sur les rives du Colorado son bar-motel de 4 chambres, doté d'une douzaine de machines à sous. La ville, qui porte son nom depuis 1977, est aujourd'hui la troisième ville la plus fréquentée par les joueurs au Nevada, après Las Vegas et Reno.

Casino Row, Laughlin

5 Marinas et plages du Lake Mead

Petites criques, longues étendues de sable et marinas s'égrènent sur les rives changeantes du lac. Près des plages prisées, comme Boulder Beach, Calville Bay, Echo Bay et Overton Beach, on trouve des branchements pour camping-car. Les amateurs de house-boats apprécient les criques Boxcar et Icebox. Les marinas de Calville Bay et du Lake Mead sont proches du Hoover Dam, celle de Temple Bar se situe au sud-est du lac. ✆ *Renseignements au Alan Bible Visitor Center • 702 293 8990.*

6 Casino Row à Laughlin

Moins luxueux que ceux du Strip, les casinos qui se succèdent sur South Casino Drive à Laughlin offrent un excellent rapport qualité-prix. La circulation est plus facile qu'à Las Vegas : la plupart des établissements sont reliés par une promenade au bord du fleuve, par autobus et par bateau-navette. Des balades sont organisées sur le Colorado. ✆ *145 km au S de Las Vegas • www.enjoylaughlin.com*

7 Lake Mojave

Ce lac de 107 km de long, qui s'étend du sud du Hoover Dam jusqu'à 3,5 km au nord de Laughlin, ne mesure que 6,5 km dans sa partie la plus large. Le National Park Service Visitor Center à Katharine Landing, au nord de Laughlin, organise des randonnées gratuites, guidées par les gardiens du parc national, qui vont jusqu'aux pétroglyphes de Grapevine Canyon en traversant le désert. Location de house-boat, de ponton et de matériel de pêche à Katharine Landing et Cottonwood Cove. Des bars rayés d'une taille record ont été pêchés dans le Lake Mojave. ✆ *À l'intérieur du Lake Mojave National Recreation Area • EP pour le parc • www.nps.gov/lame*

8 Pétroglyphes près de Laughlin

Christmas Tree Pass et Grapevine Canyon, tous deux situés sur la Highway 163 à l'ouest de Laughlin, sont les meilleurs sites pour voir les pétroglyphes, gravés jadis sur les falaises à pic des canyons par les

Echo Bay, Lake Mead

Amérindiens du groupe Patayan. Les dessins au trait et les symboles servaient peut-être d'indications pour orienter les chasseurs et les pêcheurs. Le personnel du National Park Service a localisé plus de 150 camps Patayan entre Davis Dam et Willow Beach, à 16 km de la base du Hoover Dam. § À l'intérieur du Lake Mead National Recreation Area • EP pour le parc • www.nps.gov/lame

Pétroglyphes près de Laughlin

Oatman, Arizona

Il y a un siècle, Oatman possédait une mine d'or florissante. Les ânes qui errent dans les rues et les bagarres de western reconstituées en pleine ville rendent aujourd'hui hommage aux jours anciens du Far West. C'est à l'Oatman Hotel que Clark Gable et Carole Lombard passèrent leur lune de miel en 1939. De nombreux films, comme La Conquête de l'Ouest, ont été tournés dans la ville. § Renseignements au 928 768 6222.

Avi Resort and Casino

En 1995, la tribu indienne de Fort Mojave a ouvert le premier casino du Nevada appartenant aux Amérindiens. C'est la seule salle de jeu des États-Unis appartenant aux Amérindiens et gérée selon les règlements de l'État. Son nom, « Avi », signifie argent ou menue monnaie. Le complexe est situé dans une zone que la tribu envisage de développer (p. 97).

Deux jours au Hoover Dam et à Laughlin

Premier jour

Après un café matinal au Railroad Pass Casino, vieille maison de jeu sur la Highway 93, rejoignez l'historique **Boulder City** et le **Hoover Dam** (p. 93) pour l'étonnante visite guidée.

Au carrefour de la Highway 95, bifurquez au sud vers Laughlin. Déjeunez au **Nugget**, à Searchlight (p. 96), casino typique des petites villes du Nevada.

Pour plus d'originalité, quittez la Highway 95 et suivez vers l'est la piste qui franchit le col de Christmas Tree Pass. Terminez la journée à **Laughlin**, ou dénichez les bonnes affaires des 50 boutiques de l'Horizon Discount Outlet.

Passez la nuit à **Harrah's** (p. 97) ou dans un autre hôtel au bord du fleuve pour faire une balade nocturne.

Deuxième jour

De bon matin, les golfeurs feront une partie sur le terrain de 18 trous de l'Emerald River Golf Course ou au Riverview Golf Course, de l'autre côté du fleuve, à Bullhead City, en Arizona.

Allez ensuite à **Oatman**, en Arizona, vieille ville de western à une demi-heure de route au sud-est de Bullhead. L'après-midi, revenez vers le **lake Mojave** au nord. Ne manquez pas les mystérieux **pétroglyphes** de Grapevine Canyon, à proximité de la Highway 163.

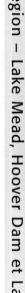

Visiter la région – Lake Mead, Hoover Dam et Laughlin

Catégories de prix

Pour un repas avec entrée, plat, dessert et une demi-bouteille de vin (ou repas équivalent), taxes et service compris.

$ moins de 20 $
$$ 20 $-30 $
$$$ 30 $-45 $
$$$$ 45 $-60 $
$$$$$ plus de 60 $

Gauche **Bob's All Family Restaurant** Droite **Sidewalk Café**

Restaurants

1 Bradley's All Family Restaurant, Boulder City

Pour déguster une soupe ou un *chili* maison, et de grosses parts de tourte dans un décor douillet où les serveuses sont aimables. ◈ *761 Nevada Hwy.* • *702 294 2627* • *$.*

2 Toto's Mexican Restaurant, Boulder City

Cette chaîne appréciée sert de très bons classiques mexicains : *burritos, tacos, enchiladas…* ◈ *806 Buchanan Blvd.* • *702 293 1744* • *$.*

3 Nugget Restaurant, Searchlight

Spécialité de muffin de maïs géant garni de saucisse, œufs brouillés et sauce. Le lieu est orné d'une peinture murale du *Searchlight*, un bateau fluvial des années 1880. ◈ *100 Highway 95* • *702 297 1201* • *$.*

4 The Steakhouse, Laughlin

Ce perpétuel lauréat du prix du meilleur grill décerné par le *Casino Player Magazine* évoque un train victorien avec son éclairage de style XIXᵉ s. ◈ *Tropicana Express Hotel, 2121 S Casino Drive* • *702 298 6375* • *$$.*

5 No Ka Oi Bufet, Laughlin

C'est le seul buffet de la ville ouvert 24 h/24. Les plats à des prix corrects sont variés, la décoration évoque les îles colorées. ◈ *River Palms Resort Casino, 2700 S Casino Drive* • *800 835 7904* • *$.*

6 Fresh Market Square, Harrah's, Laughlin

Salades en tout genre (pâtes, pommes de terre, chou cru), viandes grillées, fruits frais et un fabuleux choix de desserts. ◈ *2900 S Casino Drive* • *702 298 4600* • *$$.*

7 Paradise Garden Buffet, Laughlin

Bar à hamburger et à *sundae* où l'on peut choisir ses ingrédients, bière, vin et cocktails offerts et buffet de fruits de mer le vendredi soir. ◈ *Aquarius Casino Resort, 1900 S Casino Drive* • *702 298 5111* • *$.*

8 Granny's Gourmet Room, Laughlin

Brunch au champagne uniquement le dimanche pour les plus de 21 ans. Tenue correcte exigée. Au menu : crêpes aux myrtilles, langouste, caviar, pinces de crabe et riz sauvage. ◈ *Pioneer Hotel, 2200 S Casino Drive* • *702 298 2442* • *$$.*

9 The Range, Laughlin

En plus des traditionnels steaks et côtes de bœuf, vous trouverez au menu de ce restaurant des langoustines et des crèmes brûlées. ◈ *Harrah's Hotel, 2900 S Casino Drive* • *702 298 6832* • *$$$$.*

10 Sidewalk Café, Laughlin

Ce traiteur moderne propose sandwichs, soupes, salades et pâtes. ◈ *1650 S Casino Drive* • *702 298 2535* • *$.*

Nugget, Searchlight

Catégories de prix

Prix par nuit pour une	**$**	moins de 50 $
chambre double avec	**$$**	50 $-100 $
petit déjeuner (s'il est	**$$$**	100 $-150 $
inclus), taxes et	**$$$$**	150 $-200 $
service compris.	**$$$$$**	plus de 200 $

Gauche **Harrah's, Laughlin** Droite **Ramada Express Hotel and Casino**

Hôtels et casinos

Harrah's, Laughlin

Cet hôtel au thème espagnol, réputé pour son ambiance, possède une plage de sable privée, un casino au bord du fleuve et 5 restaurants.
🔊 2900 S Casino Drive • 800 447 8700 • www.harrahs.com • $.

Golden Nugget, Laughlin

Cet hôtel se distingue par son atrium tropical avec cascades, palmiers et 300 espèces de plantes exotiques. Le club de machines à sous « 24 Karat Slot Club » est avantageux. 🔊 2300 S Casino Drive • 702 298 7111 • $.

Don Laughlin's Riverside Resort, Laughlin

Complexe très complet, avec branchements pour les camping-cars, expositions de voitures et collection de machines à sous anciennes. 🔊 1650 S Casino Drive • 702 298 2535 • $.

Aquarius Casino Resort, Laughlin

Cet hôtel met à la disposition de ses clients une grande piscine surplombant le fleuve et les collines, trois courts de tennis, une chapelle nuptiale et le Celebration, le plus grand bateau de promenade de Laughlin. 🔊 1900 S Casino Drive • 702 298 5111 • $.

Tropicana Express Hotel and Casino, Laughlin

Ce lieu est très apprécié des seniors. Le dimanche, le drapeau est hissé en grande cérémonie. Spectacle multimédia gratuit On the Wings of the Eagles et musée de souvenirs des années 1940.
🔊 2121 S Casino Drive • 702 298 4200 • www.tropicanax.com • $.

Avi Resort and Casino, Laughlin

Propriété des Amérindiens (p. 95), ce complexe offre une grande plage de sable au bord du fleuve, une salle de jeux vidéo, une piscine et 29 suites avec Spa.
🔊 Aha Macav Parkw. • 702 535 5555 • $.

Best Western Lighthouse Inn and Resort, Lake Mead

Motel de 70 chambres avec vue sur le lac Mead. 🔊 110 Ville Drive • 702 293 6444 • $$.

El Rancho Boulder Motel, Boulder City

Certaines chambres de ce motel de style espagnol, situé dans la rue principale, sont dotées d'une cuisine. 🔊 725 Nevada Hwy. • 702 293 1085 • elranchobm@aol.com • $$.

Overton Arm Campgrounds, Lake Mead

Ce camping est doté de douches, toilettes et carburant. Il ne prend pas de réservations. 🔊 Près de l'extrémité du bras N du lac • $.

Seven Crown Resorts, Lake Mead

On peut louer des house-boats parfaitement équipés. Il suffit d'apporter sa nourriture et ses vêtements. 🔊 Highway 167, Echo Bay • 800 752 9669 • $$$$$.

 Remarque : Tous les hôtels indiqués acceptent les cartes de paiement et toutes les chambres disposent d'une salle de bains et sont climatisées.

Gauche **Pétroglyphes, Valley of Fire** Centre **Death Valley** Droite **Scotty's Castle, Death Valley**

Parcs et réserves

À moins d'une heure des artifices du Strip, le Nevada abrite des merveilles naturelles spectaculaires et des splendeurs géologiques. *Red Rock Canyon* (p. 24-25) est le site le plus proche de Las Vegas. Zion National Park abrite de fantastiques formations rocheuses, et Death Valley, l'endroit le plus chaud d'Amérique du Nord est, à 85 m sous le niveau de la mer, le point le plus bas du continent américain. La plus célèbre de ces curiosités est incontestablement le Grand Canyon, aux dimensions pharaoniques. Outre les magnifiques paysages, chaque région possède également une flore et une faune spécifiques, composées d'espèces endémiques.

🔟 À ne pas manquer

1 Petroglyph Canyon, Valley of Fire

2 Lost City Museum of Archeology, Overton

3 Kolob Reservoir Road, Zion National Park

4 Zion Canyon

5 Bright Angel Point, North Rim, Grand Canyon

6 Yavapai Observation Station, Grand Canyon

7 Watchtower, Grand Canyon

8 Scotty's Castle, Death Valley

9 Aguereberry Point, Death Valley

10 Dante's View, Death Valley

Zion Lodge, Zion Canyon

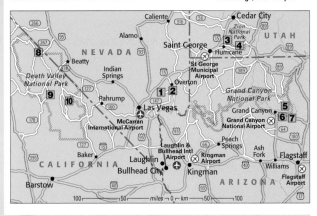

Autres renseignements sur le Grand Canyon p. 16-19

Gauche **Petroglyph Canyon** Droite **Canyon Lodge, North Rim, Grand Canyon**

1 Petroglyph Canyon, Valley of Fire

Ce canyon est très fréquenté, car il renferme une grande concentration des pétroglyphes du parc. Ces symboles préhistoriques ont été gravés par les Amérindiens de Lost City *(ci-dessous)*, et leur signification reste incertaine : étaient-ce des indications routières de l'époque ou avaient-ils un sens religieux ou mystique ? Au bord des sentiers, des panneaux signalent les éléments les plus intéressants. *Plan U2 • 702 397 2088 • EP pour le parc.*

2 Lost City Museum of Archeology, Overton

Des objets sauvés de Pueblo Grande de Nevada – actuel Lost City – avant que le village ne soit submergé par le Lake Mead sont exposés dans ce musée archéologique. On y voit aussi un village historique reconstitué, des armes de chasse et des céramiques *(p. 10-11).* *721 S Moapa Valley Blvd., Overton • Plan U2 • 702 397 2193 • ouv. t.l.j. 8h30-16h30 • EP.*

3 Kolob Reservoir Road, Zion National Park

Appelée aussi Kolob Terrace Road, cette superbe route panoramique embrasse les rochers colorés de Moenkopi, North Creek, Tabernacle Dome (amas de roches rouges), des cônes de scories, des canyons, des vallées et des forêts. *Plan U1 • renseignements au Zion Canyon Visitor Center, Hwy. 9, près de Springdale • 435 772 3256.*

4 Zion Canyon

Ce lieu est idéal pour une promenade panoramique jusqu'au temple de Sinawava. En chemin, on passe devant une masse de débris formés il y a 4 000 ans par un glissement de terrain. On peut passer la nuit au Zion Lodge *(p. 107)* d'où l'on a vue sur les bosquets de peupliers de Virginie, les frênes veloutés et les érables négondos. Au bout de la route, un virage offre un excellent panorama du Great White Throne. *Plan V1 • renseignements au Zion Canyon Visitor Center, Hwy. 9, près de Springdale • 435 772 3256 • www.zionpark.com*

5 Bright Angel Point, North Rim, Grand Canyon

North Rim est moins accessible que South Rim mais mérite le déplacement. Sur une ancienne piste, Bright Angel Point offre des panoramas étonnants sur le canyon. *Plan V2 • North Rim Visitor Center, Bright Angel Peninsula • ouv. mai-oct.*

Vue depuis **North Rim**

Pages suivantes **Death Valley**

Gauche **Maison Hopi par Mary Colter, Grand Canyon** Droite **Route de Mount Zion**

6 Yavapai Observation Station, South Rim, Grand Canyon

Pour une première approche de la géologie du Grand Canyon, la Yavapai (ou Yavapi) Observation Station, sur South Rim, constitue un observatoire qui bénéficie d'une vue sublime sur les pavillons du Phantom Ranch et sur le Colorado, qui coule dans le canyon, 1 500 m plus bas. Cependant, la vue de ce fleuve impétueux est encore plus impressionnante depuis le fond même du canyon. *8 km au N de l'entrée S • plan V2 • ouv. 8h-20h.*

7 Watchtower, Desert View, Grand Canyon

Cette reconstitution fantaisiste d'un *pueblo* ancestral, avec boutiques de cadeaux et buvette, a été conçue en 1932 par Mary Colter, une architecte de la région. L'étage de la tour de pierre est décoré de peintures murales Hopi. Dans les environs, on doit d'autres édifices également à Mary Colter, notamment Hopi House, Hermit's Rest, Lookout Studio et des pavillons du Phantom Ranch. *Sur la Hwy. 64 à Desert View • plan V2 • renseignements www.nps.gov/deva • EG.*

Roches millénaires

La géologie du Grand Canyon en dit long sur la planète : certaines roches auraient 1,7 milliard d'années. À Zion National Park, plateaux et falaises ont été sculptés par les éléments au cours de millions d'années. Death Valley, site le plus jeune, date d'une époque relativement récente : le lac qui l'occupait jadis s'est asséché il y a seulement 10 000 ans.

8 Scotty's Castle, Death Valley

Dans les paysages fabuleux de Death Valley se trouve Scotty's Castle, une demeure de style méditerranéen construite dans les années 1920 par Albert Johnson, magnat des assurances à Chicago. La maison doit son nom à Walter Scott, cascadeur des spectacles de Far West et escroc, qui prétendait être propriétaire du lieu. Ironie du sort, Scott se lia d'amitié avec

Dante's View, Death Valley

Kolob Reservoir Road

Johnson à la fin de sa vie et passa ses dernières années dans le château tant convoité. L'intérieur se visite toute l'année avec un guide : les bois finement sculptés, les fers forgés et les carrelages ornés sont très réussis. Le parc se visite librement. ◈ *Hwy. 267 à l'extrémité N de Death Valley • plan S1 • 760 786 2392 • parc ouv. t.l.j. 9h-17h, vis. guid. toutes les heures • EP.*

9 Aguereberry Point, Death Valley

Depuis ce promontoire des Panamint Mountains, la vue porte, entre autres, sur une grande partie de Death Valley, de Furnace Creek, de la Sierra Nevada enneigée, du Devil's Golf Course et d'autres sites. L'endroit est accessible en VTT, mais il faut maîtriser parfaitement son vélo pour entreprendre la montée : une bretelle d'accès de 21 km attend les plus audacieux. ◈ *Plan S2 • renseignements au Furnace Creek Visitor Center • 760 786 2331 • ouv. t.l.j. 8h-17h.*

10 Dante's View, Death Valley

Ce promontoire des Black Mountains est l'un des meilleurs observatoires de Death Valley. Situé à 1 668 m au-dessus de la sebkha de Badwater – point le plus bas de Death Valley –, c'est un endroit merveilleux pour assister au lever du soleil. Son nom rend hommage à *L'Enfer* de Dante. ◈ *40 km au S de Furnace Creek • plan S2.*

Trois excursions depuis Las Vegas

On peut visiter Zion, le Grand Canyon et Death Valley en une seule fois, ou, étant donné leur localisation éloignée, scinder la découverte en trois excursions distinctes.

Route de Zion

Superbe excursion de deux jours : prenez la Highway 15 vers l'est jusqu'à la bifurcation de Valley of Fire, traversez à pied **Petroglyph Canyon** (p. 99) jusqu'à Mouse's Tank et visitez le **Lost City Museum of Archeology** (p. 99). Reprenez la Highway 15 pour déjeuner à Mesquite. Ne manquez pas le sublime crépuscule depuis l'un des nombreux points de vue de Zion. Passez la nuit dans le parc ou à Springdale.

Grand Canyon

Prenez la Highway 93 jusqu'à Kingman, puis les routes 40 et 64 jusqu'au parc national. Les corniches offrent un panorama sur le canyon, mais mieux vaut parcourir le fond de la vallée à pied ou à cheval, y passer la nuit ou descendre le fleuve en raft. Les réserves de la corniche permettent de se plonger dans la culture amérindienne.

Death Valley

Depuis Las Vegas, prenez la Highway 95 vers le nord-ouest jusqu'à Beatty, puis bifurquez sur la 374. Un jour et demi suffit pour visiter Death Valley, mais prévoyez plus de temps si vous aimez la randonnée et le golf.

Visiter la région – Parcs et réserves

Autres renseignements sur la visite de la région **p. 109**

Gauche **Pins pignons** Centre gauche **Iguane** Centre droite **Armoise** Droite **Tortue du désert**

TOP 10 Flore et faune locales

1 Pinèdes

La pauvreté et la sécheresse du sol créent des forêts de pins pignons rabougris qui poussent à 2 000 m d'altitude dans le Grand Canyon (dont le point culminant s'élève à 2 750 m). Tous les 7 ans, ils produisent d'importantes récoltes de fruits comestibles.

2 Fleurs sauvages

Plusieurs fleurs sauvages poussent dans le Grand Canyon : des asters, des tournesols, des sphériacées et des castillèjes.
À Zion, on trouve aussi des ancolies, des penstemons, des castillèjes et de nombreuses variétés de tournesols. Si Death Valley abrite moins d'espèces, les pâquerettes de Panamint y poussent en abondance.

3 Armoise

Cette plante emblématique du Nevada pousse jusqu'à 3 000 m d'altitude et peut atteindre 2 m de haut. Les grappes denses de minuscules fleurs jaunes ou ivoire s'épanouissent à la fin de l'été.

4 Oiseaux de proie

La buse à queue rousse est le rapace le plus courant dans les trois parcs, mais le Grand Canyon est le domaine de l'aigle royal, seigneur du ciel.

5 Tortues

Deux populations isolées de tortues du désert évoluent dans le sud de l'Utah, au Grand Canyon et à Death Valley ainsi que dans d'autres régions du Sud-Ouest.

6 Lézards

Zion compte 13 espèces de lézards, et la plus courante à Death Valley est le *Petrosauraus mearnsi*, petit lézard de couleur vive.
Le Grand Canyon abrite également des iguanes, comme le chuckwalla.

Aigle royal

7 Couguars

Ces fauves craintifs, également appelés pumas, parcourent le Grand Canyon, Zion et les montagnes des environs de Death Valley permettant de contenir les populations de petits mammifères.

8 Cerfs

Le cerf-mulet aux grandes oreilles se différencie du gracieux cerf de Virginie, car il saute assez haut et se reçoit sur ses 4 pattes à la fois.

9 Serpents

La plupart des espèces des parcs sont inoffensives, mais il faut éviter le crotale, appelé couramment serpent à sonnette.

10 Ours

On rencontre parfois un ours noir sur les plateaux élevés de Zion mais, comme le grizzli, il a disparu depuis longtemps du secteur du Grand Canyon.

 Précautions dans le désert p. **133**

Gauche **Temple de Sinawava** Centre **Panamint Mountains** Droite **Great White Throne**

🔟 Formations naturelles

1 Atlatl Rock, Valley of Fire
Les pétroglyphes représentent un atlatl, bâton encoché utilisé pour jeter la lance plus vite et plus loin. ◈ *Plan U2.*

2 Elephant Rock, Valley of Fire
Cette étrange formation de grès, située au bout d'un court chemin qui part de l'entrée est de la vallée, ressemble à une tête d'éléphant dont la trompe serait démesurée. ◈ *Plan U2.*

3 Temple de Sinawava, Zion National Park
Ledit temple est en fait un étonnant bloc de roche rouge. Ce nom religieux n'est pas un cas isolé dans le parc. ◈ *Plan V1.*

4 Great White Throne, Zion National Park
Bien connue des alpinistes, la fabuleuse falaise abrupte du Great White Throne s'élève à 670 m du fond du canyon. C'est l'un des plus hauts monolithes du monde. ◈ *Plan V1.*

5 Kolob Arch, Zion National Park
Kolob Arch est trop difficile d'accès pour qu'on puisse en mesurer exactement les dimensions, qu'on estime à 70 m de haut et 95 m de large. ◈ *Plan V1.*

6 Marble Canyon, Grand Canyon
Le confluent du Little Colorado et du Colorado a taillé le remarquable Marble Canyon, qui constitue un endroit idéal pour pêcher la truite. ◈ *Plan V2.*

7 Inner Gorge, Grand Canyon
Cette gorge est formée de falaises de granite abruptes hautes de 300 m. Deux ponts suspendus permettent de la traverser près de Phantom Ranch. ◈ *Plan V2.*

8 San Francisco Mountains, Grand Canyon
L'explorateur Marcos de Nizo a appelé « royaume de saint François » ces montagnes de 3 857 m d'altitude. ◈ *Plan V2.*

9 Funeral Mountains, Death Valley
Une ligne de faille géologique a renversé ces montagnes spectaculaires. ◈ *Plan S1.*

10 Panamint Mountains, Death Valley
Ces montagnes font partie du parc naturel bien qu'elles en soient frontalières. Aguereberry Point jouit de vues étonnantes sur les Funeral Mountains et la Sierra Nevada au loin. ◈ *Plan S2.*

Funeral Mountains

➤ *Autres renseignements sur le Grand Canyon* p. **16-19**

Gauche **Thunderbird, Zion** Droite **Flanigan's Café, Zion**

TOP 10 Restaurants

1 El Tovar Dining Room, Grand Canyon

Ce restaurant en rondins et pierre offre belle vaisselle, verrerie fine et nappes en tissu. Arrivage quotidien de fruits de mer par avion et excellent veau. ◉ *El Tovar Hotel, South Rim • plan V2 • 928 638 2566 • $$$$*.

2 Coronado Room, Grand Canyon

Côte de bœuf, poulet marsala et truite farcie sont les spécialités de ce restaurant espagnol. ◉ *Best Western Squire Inn, Tusayan • plan V2 • 928 638 2681 • $$$*.

El Tovar Dining Room

3 Bright Angel Lodge, Grand Canyon

Plats très copieux du Sud-Ouest américain. ◉ *Bright Angel Lodge • plan V2 • 928 638 2526 • $$*.

4 Arizona Steak House, Grand Canyon

Les grands classiques américains – gros steaks, pommes de terre au four et salades croquantes – sont servis dans un décor du Sud-Ouest aux couleurs pastel. ◉ *Bright Angel Lodge • plan V2 • 928 638 2526 • $$$*.

5 Maswick Lodge Cafeteria, Grand Canyon

Cuisine saine à prix raisonnables. On prend l'apéritif ou le digestif devant le grand téléviseur du bar sportif. ◉ *Plan V2 • Maswik Lodge • 303 297 2757 • $$*.

6 Flanigan's Café, Zion

Les spécialités du chef sont les salades, les pâtes, la truite, le poulet, l'agneau de l'Utah et le bœuf Black Angus. ◉ *Springdale • plan U1 • 435 772 3244 • ouv. le soir seul. • $$$*.

7 Kolob Canyon Picnic Area, Zion

Achetez des provisions chez Oscar's Deli et une tarte aux fruits au Bumbleberry Restaurant de Springdale pour pique-niquer en plein air dans le plus somptueux des cadres. ◉ *Plan U1 • $$*.

8 Thunderbird Resort Dining Room, Zion

Cuisine américaine dans un restaurant familial où tourtes et pains sont faits maison. ◉ *Mt. Carmel Jtn. • plan U1 • 435 648 2203 • $$*.

9 The Inn Dining Room, Death Valley

Restaurant élégant avec nappes en dentelle, murs d'adobe (briques crues séchées), où danse la lueur des chandelles, et vue sur les Panamint Mountains. Cuisine continentale avec menu de 6 plats à prix fixes. Excellentes côtelettes d'agneau. ◉ *Furnace Creek Inn • plan S1 • 760 786 2361 • $$$$$*.

10 Stovepipe Wells Village, Death Valley

Cuisine américaine avec buffet à volonté en été. ◉ *Stovepipe Wells • plan S2 • 760 786 2387 • $$*.

Catégories de prix

Prix par nuit pour une	**$** moins de 50 $
chambre double avec	**$$** 50 $-100 $
petit déjeuner (s'il	**$$$** 100 $-150 $
est inclus), taxes et	**$$$$** 150 $-200 $
service compris.	**$$$$$** plus de 200 $

Gauche **Best Western Zion Park Inn** Droite **Furnace Creek Inn**

🔟 Hébergement

1 Best Western Squire Inn, Grand Canyon

Hôtel de 250 chambres avec court de tennis, piscine chauffée, sauna, institut de beauté, billard, jeux vidéo et bowling. *Tusayan • plan V2 • 928 638 2681 • $$$.*

2 El Tovar Hotel, Grand Canyon

Hôtel historique bâti en 1905 par la Fred Harvey Company, pionnière des complexes hôteliers. Inspiré des superbes pavillons de chasse européens, avec cheminée en pierre et animaux empaillés. *South Rim • plan V2 • 303 297 2757 • $$$$.*

3 Grand Canyon Lodge

Le seul hébergement de North Rim propose des pavillons et des chambres de motel modernes. Réservation indispensable. *Bright Angel Point • plan V2 • 303 297 2757 • www.grandcanyonlodge.com • $$$.*

4 Grand Canyon Camper Village

Avec 250 places pour les camping-cars et 100 pour les tentes, c'est l'un des grands terrains de camping privés ouverts toute l'année sur le site. *Grand Canyon Village • plan V2 • 928 638 2887 • $.*

5 Zion Lodge

Le complexe comprend 40 bungalows, avec accès privé et cheminées à foyer fonctionnant au gaz, et 75 chambres de motel équipées de 2 grands lits doubles. *Zion National Park • plan U1 • 435 772 3213 • $$$$.*

6 Best Western Zion Park Inn

L'hôtel est situé au pied d'une falaise en grès navajo de 430 m. Les 120 chambres disposent d'une climatisation individuelle et certaines d'une kitchenette. *1215 Zion Park Blvd., Springdale • plan U1 • 800 934 7275, 435 772 3200 • $$$.*

7 Cliffrose Lodge & Gardens, Zion

Cadre charmant avec 2,5 ha de pelouse et de jardins arborés et fleuris au bord de Virgin River. Vue splendide de toutes les chambres. *281 Zion Park Blvd., Springdale • plan U1 • 435 772 3234 • $$$.*

8 Furnace Creek Inn, Death Valley

Hôtel chic et onéreux, avec une superbe vue des Panamint Mountains. *Furnace Creek • plan S1 • 760 786 2361 • $$$$$.*

9 Furnace Creek Ranch, Death Valley

Cette auberge rustique est dotée de 2 piscines alimentées par une source chaude. On peut y pratiquer le golf, le tennis et l'équitation. *Furnace Creek • plan S1 • 760 786 2361 • $$$.*

10 Stovepipe Wells Village, Death Valley

Un peu à l'écart, ce village de vacances assez banal possède une piscine, un salon et une épicerie. Les dunes de sable sont toutes proches. *Stovepipe Wells • plan S2 • 760 786 2387 • $$$.*

 Remarque : *Tous les hôtels indiqués acceptent les cartes de paiement et toutes les chambres disposent d'une salle de bains et sont climatisées.*

Gauche **Randonneurs** Centre **Marina du Lake Mead** Droite **Une route du désert**

TOP 10 Sentiers de randonnée

1 Mouse's Tank, Valley of Fire

« Mouse » était le nom d'un bandit amérindien. En prenant le sentier balisé vers les citernes naturelles de Mouse's Tank, on longe les plus beaux pétroglyphes du parc.

2 Canyon Overlook Trail, Zion National Park

Randonnée d'une journée, courte et facile, jusqu'à l'observatoire qui surplombe Great Arch.

3 Hidden Canyon Trail – Observation Point, Zion

Cette boucle de 12 km est simple jusqu'à Hidden Canyon puis ardue jusqu'à Observation Point, d'où on a la plus belle vue du parc.

4 Riverside Walk, Zion

Début octobre, le feuillage resplendissant ajoute au charme de ce chemin au fond d'une gorge.

5 Bright Angel Trail, Grand Canyon

Comptez 2 jours pour l'aller-retour de 30 km sur 1 450 m de dénivellation. Petits hôtels et camping en cours de route.

Fours à Wildrose Canyon

6 Rim Trail, Grand Canyon

Le sentier partiellement pavé qui part de la zone du Village et aboutit à Mather Point est accessible en divers points sur Hermit Road. De faible dénivellation, il offre des vues spectaculaires.

7 South Kaibab Trail, Grand Canyon

Une navette dessert le point de départ du sentier, très escarpé, qui descend sur 1 372 m. L'aller-retour dans cette zone totalement aride fait 22 km.

8 De Wildrose Canyon à Wildrose Peak, Death Valley

6 km de montée à travers bois jusqu'au sommet des Panamint Mountains, d'où les panoramas sont merveilleux.

9 De Golden Canyon à Zabriskie Point, Death Valley

De faible dénivellation, cette randonnée de 9,5 km parcourt les plus beaux paysages de bad-lands et traverse des strates rocheuses vieilles de millions d'années et entièrement apparentes.

10 Coffin Peak Trail, Death Valley

Ce sentier facile part de Dante's View et suit un canyon jusqu'aux Black Mountains. Dans les hauteurs, la végétation se compose d'éphédras, d'arroches et d'arbustes épineux du désert.

Visiter la région – Parcs et réserves

MODE
D'EMPLOI

LAS VEGAS TOP 10

Gauche **Golf pendant les vacances** Droite **Soleil estival**

TOP 10 Préparer le voyage

1 Tarifs

Les tarifs hôteliers montent en flèche de mi-mars à juillet et de septembre à début novembre, car le climat est plus agréable. Cependant, le temps peut être très clément en février et novembre, alors que les prix baissent. Durant ces périodes, la circulation est plus fluide, on évite la cohue, et les casinos-hôtels sont moins chers en semaine.

2 Jouer au golf

Les golfeurs obtiennent plus facilement une réservation en mars, en novembre et en hiver. La température est en général agréable pour jouer, malgré le vent.

3 Grands congrès

Les trois plus gros congrès annuels de Las Vegas, en novembre, avril et janvier, attirent chacun plus de 100 000 participants. Mieux vaut éviter ces dates : le prix des chambres est au maximum, la circulation difficile et la queue décourageante à l'entrée des restaurants.

4 S'habiller dans la journée

Aucune règle ne s'impose dans ce domaine. Shorts et T-shirts sont courants par grande chaleur, et les tenues estivales de grands couturiers côtoient les jeans et les vestes en cuir. Le maillot de bain n'est admis qu'au bord de la piscine : pour s'y rendre, les femmes passent une tunique et les hommes une chemise et un short. Les hôtels haut de gamme prêtent un peignoir à leurs clients.

5 S'habiller le soir

Le code vestimentaire privilégie le confort, mais certains restaurants à prix modérés exigent une tenue correcte (chemise et chaussures). La veste est requise dans certains restaurants haut de gamme, mais la cravate ne l'est pas toujours. On s'habille en général pour assister à un spectacle ou aller en boîte de nuit. Les habitants de Las Vegas sont plus enclins que les visiteurs à porter une tenue de soirée.

6 Protection solaire

L'ensoleillement moyen étant supérieur à 300 jours par an, emportez lunettes de soleil, protections solaires, baume pour les lèvres, crème hydratante et chapeau.

7 Météorologie

Las Vegas ne reçoit en moyenne que 10,69 cm de précipitations par an, dont environ 1,25 cm en janvier et août, mois les plus humides. Le taux d'humidité oscille entre 14 et 41 %. L'hiver est imprévisible : certains jours sont très froids et venteux, d'autres assez chauds pour porter un short.

8 Formalités d'entrée pour les Canadiens

Les Canadiens ont besoin d'un passeport en cours de validité et d'une carte d'identité avec photo.

9 Formalités d'entrée pour les visiteurs européens

Pour être exemptés d'un visa, les ressortissants de l'Union européenne et de la Suisse effectuant un séjour touristique de moins de 90 jours doivent être munis d'un passeport biométrique, ou d'un passeport lisible en machine à la condition que celui-ci ait été délivré avant le 26 octobre 2005. À défaut, l'obtention d'un visa est obligatoire. Il est également nécessaire de remplir une demande d'autorisation électronique ESTA (https://esta.cbp.dhs.gov) avant de partir et d'être en possession d'un billet de retour. N'hésitez pas à vous renseigner auprès du consulat ou de l'ambassade.

10 Douanes

Les non-résidents adultes peuvent importer une quantité limitée d'articles hors taxes : 1 l. d'alcool, 200 cigarettes, 50 cigares (mais pas de Cuba) et des cadeaux d'une valeur maximale de 100 $. Les espèces supérieures à 10 000 $ doivent être déclarées à l'entrée dans le pays.

Gauche **Aéroport international McCarran** Centre **Location de voitures** Droite **Formule avion et voiture**

🔟 Arriver à Las Vegas

Aéroport
1 Si vous faites partie des 43 % de visiteurs qui arrivent par l'aéroport international McCarran, le 5e du pays pour le trafic, consultez son site Internet. Vous pourrez y obtenir de nombreux renseignements et surtout des plans, car il n'est pas toujours évident de s'y repérer.

Avion
2 L'aéroport international McCarran est desservi par les vols réguliers et charters de toutes les grandes compagnies américaines, par Air France depuis Paris (via Cincinnati ou Atlanta) et par diverses compagnies internationales. Comparez soigneusement les prix avant de réserver.

Forfaits avion-voiture-jeu
3 Les forfaits avion-voiture sont très prisés par les vacanciers aux États-Unis. Étudiez aussi les forfaits « spécial jeu », qui rassemblent le billet d'avion et l'hébergement à Las Vegas.

De l'aéroport au centre-ville
4 L'aéroport se trouvant à 4 km au sud du centre-ville, 10 minutes suffisent pour rejoindre en voiture les hôtels du Strip. Taxis, navettes et limousines stationnent devant l'aéroport, et les loueurs de voitures sont situés à l'intérieur. La formule la moins chère est l'autobus CAT (Citizens Area Transit) dont les lignes 108 et 109 relient l'aéroport au centre-ville et au Strip.

Espèces
5 Pour payer le transport entre l'aéroport et l'hôtel en espèces, utilisez l'un des nombreux distributeurs de billets de l'aéroport. Ils acceptent les cartes bancaires courantes comme Visa, MasterCard et American Express.

Location de voitures
6 Si vous louez une voiture à l'aéroport, sachez que le prix n'inclut pas toujours les taxes (d'un total de 39,8 %) perçues sur toutes les locations faites à l'aéroport. Si vous n'êtes pas pressé, préférez l'une des agences dont les guichets se trouvent en dehors du site, car elles pratiquent des tarifs plus avantageux.

Documents pour louer une voiture
7 Si vous souhaitez louer un véhicule, les agences exigent un permis de conduire et une carte bancaire valides. Le conducteur doit être âgé d'au moins 25 ans. Si votre propre assurance automobile ne couvre pas le véhicule loué, n'hésitez pas à prendre la couverture proposée par le loueur.

Adresses

Informations aéroport
www.mccarran.com

Code de la route
8 Avant de prendre le volant, les visiteurs étrangers qui louent une voiture doivent se familiariser avec le code de la route et la signalisation des États-Unis. Renseignez-vous auprès des loueurs de véhicules.

Arriver par la route
9 Si vous allez à Las Vegas en voiture depuis une autre ville américaine, vous arriverez sans doute par la I-15, qui va de Los Angeles à Salt Lake City dans l'Utah et au-delà, ou bien par la I-95, qui relie le Washington, l'Oregon, le Nevada et l'Arizona. Évitez les heures de pointe, entre 16 h et 19 h.

Arriver en train et en bus
10 Si vous arrivez en train et en bus, prenez l'Amtrak Chief en direction de Needles ou de Barstow, puis prenez le bus du réseau AMTRAK qui dessert Greyhound Station à Las Vegas. Pour toute information sur les horaires ou les billets, composez le 1800 872 7245 ou consultez le site Internet www.amtrak.com

➡ *Réservations hôtelières* **p. 135**

Gauche **Autobus CAT (Citizens Area Transit)** Centre **Taxi** Droite **Monorail**

Se déplacer

1 À pied
Les trottoirs étant larges et le terrain plat, la marche à pied est sans doute la meilleure façon de parcourir les 5 km du Strip. Cependant, la ville est étendue et sillonnée de rues à voies multiples, il faut donc prendre une voiture ou les transports en commun pour visiter les sites éloignés du centre.

2 Trouver son chemin
Si vous conduisez, procurez-vous une bonne carte (celle de Rand McNally, en vente dans les supermarchés, drugstores et librairies, est excellente). Le plan quadrillé de la ville est coupé par quelques grandes artères obliques.

3 Circulation
En ville, la conduite est rapide et la circulation dense. Évitez de rouler aux heures d'affluence (de 7 h à 9 h et de 16 h à 19 h). Les encombrements sur le Strip commencent en fin de matinée et durent jusqu'après minuit, surtout le week-end de mi-mars à octobre, et lors des grandes manifestations. Les rues principales de la ville comportent 6 à 8 voies.

4 Garages et parcs de stationnement
La plupart des casinos-hôtels du Strip et de Glitter Gulch disposent de grands garages. Le stationnement y est parfois gratuit. La quasi-totalité des hôtels ont un service de voiturier. En cas d'affluence, les clients de l'hôtel ont priorité sur les visiteurs du casino.

5 Stationnement dans la rue
Veillez à lire tous les panneaux d'interdiction de stationner pour ne pas encourir une amende ou retrouver votre voiture à la fourrière. Le stationnement abusif sur les espaces réservés aux handicapés est passible d'une amende allant de 100 à 1 000 $.

6 Taxis
On les trouve facilement à l'entrée des hôtels du Strip et du centre-ville. La course débute à 3,30 $ et chaque mile parcouru coûte 2,20 $, chaque minute à l'arrêt 0,20 $. En cas d'encombrement, la note peut dépasser 20 $ pour aller d'un bout à l'autre du Strip. Les chauffeurs connaissent les rues moins fréquentées, mieux vaut donc leur demander de prendre le chemin le plus rapide et non le plus court.

7 Trolleybus, tramway et monorail
Le trolleybus du Strip (2,50 $, monnaie exacte exigée, t.l.j. 8 h 30-minuit) s'arrête à tous les principaux sites, de Stratosphere au nord à Mandalay Bay au sud. Un tramway gratuit relie le TI au Mirage, et l'Excalibur au Luxor et au Mandalay Bay. Le monorail dessert le Strip entre le MGM Grand et le Sahara (t.l.j. 8 h-minuit). Le trajet simple coûte 5 $.

8 Transports en commun
Le moyen le plus économique pour s'éloigner du centre est le bus CAT (Citizens Area Transit). Le billet coûte 2 $ pour les principaux itinéraires touristiques, 1,25 $ pour les autres et 60 cents pour les seniors et les enfants de 6 à 17 ans.

9 Navettes des hôtels
Certaines navettes aéroport-hôtel sont payantes, d'autres sont gratuites vers les centres commerciaux et les sites les plus intéressants.

10 Vélo
Le vélo est déconseillé sur les artères principales, mais il est très agréable à Red Rock Canyon et dans les quartiers résidentiels. Il y a plusieurs bureaux de location en ville. Le prix inclut souvent casque et bouteille d'eau.

Mode d'emploi

Gauche **Trolleybus sur le Strip** Droite **Limousine privée**

10 Où s'informer

1 Renseignements pratiques

Pour toute information d'ordre général sur la ville – hébergement, achats et centres d'intérêt –, contactez le Las Vegas Convention & Visitors Authority (LVCVA).

2 Voyages d'affaires

Les visiteurs qui se rendent dans la région pour affaires peuvent contacter la Las Vegas Chamber of Commerce pour être orientés vers les organismes adéquats.

Adresses

Citizens Area Transit
702 228 7433.

Las Vegas Convention & Visitors Authority
3150 Paradise Rd.
• *702 892 0711* • *www. visitlasvegas.com*

Las Vegas Chamber of Commerce
3720 Howard Hughes Pkwy. • *702 735 1616.*

Asian Chamber of Commerce
900 Karen Ave.
• *702 737 4300.*

Urban Chamber of Commerce
1048 W Owens Ave.
• *702 648 6222.*

Latin Chamber of Commerce
300 N 13th St.
• *702 385 7367.*

Las Vegas Advisor
3665 S Procyon Ave.
• *702 252 0655.*

3 Questions ethniques

Des organismes comme l'Asian Chamber of Commerce, la Black Chamber of Commerce et la Latin Chamber of Commerce dispensent des informations sur les entreprises et sites ethniques de Las Vegas.

4 Brochures et livres

Par le biais de l'office du tourisme de Las Vegas, vous pouvez recevoir des brochures sur la ville ou encore vous procurer des livres en version française, comme la traduction de *Las Vegas Gaming Guide,* qui donne d'excellents conseils aux joueurs.

5 Presse

Le *Las Vegas Magazine* ou *LVM* publie des informations sur la vie nocturne, le shopping, le jeu et les attractions de la ville. Cet hebdomadaire *(ci-contre)* destiné aux visiteurs se trouve dans les hôtels. Le *Las Vegas Review Journal* publie des informations sur les restaurants et les distractions de la semaine.

6 Médias

Pour les informations en français, on reçoit TV5 par le câble aux États-Unis.

7 Internet

Pour vous renseigner sur les compagnies aériennes, les locations de voitures et l'hébergement, utilisez un moteur de recherche pour trouver des sites Internet correspondants. Consultez le site de l'office de tourisme de Las Vegas en français : www.lasvegasfreedom.fr

8 Bonnes affaires

Pour dénicher les bonnes occasions, abonnez-vous au bulletin mensuel *Las Vegas Advisor,* destiné avant tout aux joueurs, mais dont les indications en matière d'hébergement et de restaurants sont aussi très utiles pour ceux qui ne jouent pas.

9 Kiosques touristiques

Installés sur le Strip, ces kiosques vendent des excursions organisées, mais rassemblent aussi de la documentation utile sur diverses attractions.

10 Hors de la ville

Si vous arrivez à Las Vegas par l'I-15 au sud, vous trouverez en chemin des offres et des bonnes affaires au centre d'information touristique de Jean au Nevada, qui a la réputation de distribuer les coupons de réduction les plus avantageux pour Las Vegas.

Gauche **Galerie marchande du Bellagio** Centre **Las Vegas Outlet Center** Droite **Mont-de-piété**

🔟 Comment acheter

1 Galeries marchandes

Les magasins haut de gamme les plus intéressants se trouvent dans les galeries marchandes des hôtels du Strip, comme Miracle Mile au Planet Hollywood *(p. 52)*, Via Bellagio au Bellagio *(p. 14-15)* et Appian Way au Caesars Palace *(p. 26-27)*.

2 Centres commerciaux

Parmi les grands centres commerciaux, Boulevard, Meadows et Galleria at Sunset *(p. 52)* sont surtout fréquentés par les habitants, contrairement aux centres commerciaux haut de gamme du Strip, tels que le Forum Shops at Ceasars *(p. 26-27)* et Fashion Show Mall *(p. 52)*. Les soldes de janvier sont très intéressants dans les magasins chic comme Nieman Marcus et Saks Fifth Avenue (à Fashion Show Mall).

3 Bonnes affaires

On trouve des articles de qualité à bas prix dans les magasins d'usine. Las Vegas Outlet Center *(p. 53 et p. 91)* n'est qu'à quelques minutes au sud du Strip, et Fashion Outlet Las Vegas est près de la frontière californienne, à Primm. À la fin de l'été, les articles sont totalement dégriffés.

4 Antiquaires

Les magasins d'antiquités sont concentrés sur East Charleston Boulevard, à environ 3 km du centre-ville. Si vous ne devez visiter qu'un seul complexe, allez à Antique Square (2014-2026 E Charleston Boulevard), qui regroupe une dizaine de boutiques.

5 Boutiques ethniques

Les achats d'objets ethniques authentiques se font dans les magasins fréquentés par les différents groupes ethniques de Las Vegas, comme Asian Market (953 E Sahara), Supermercado del Pueblo (4972 S Maryland Parkway), India Sweets & Spices (953 E. Sahara Avenue), Nile Ethiopian Market (252 Convention Center Drive) et ceux de Chinatown Plaza *(p. 85 et 91)*.

6 Marchés aux puces

Ils se tiennent en général les vendredi, samedi et dimanche et sont parfaits pour dénicher les bonnes affaires. Les plus grands sont Fantastic Indoor Swap Meet *(p. 91)* et Broadacres Open Air Swap Meet (2960 Las Vegas Boulevard N).

7 Monts-de-piété

Les articles en vente dans ces boutiques sont déposés par les joueurs qui ont besoin de quelques dollars de plus. Avec ses 18 succursales, Super-Pawn est le plus grand magasin de la ville. Un groupe de monts-de-piété se trouve dans une rue proche de Glitter Gulch *(p. 80)*. Si vous achetez, n'acceptez ni le premier, ni le deuxième, ni le troisième prix demandé.

8 Heures d'ouverture

Les grands centres commerciaux et galeries sont en général ouverts de 10 h à 21 h, 7 j/7. Certains magasins sont fermés le dimanche. Au Forum Shops au Caesars, quelques boutiques ouvrent jusqu'à minuit.

9 Taxes

Le Clark County perçoit sur la plupart des articles une taxe « à l'achat et à l'utilisation » de 8,2 %, qui n'est pas comprise dans les prix indiqués.

10 Cartes bancaires

Si les cartes Visa et Master-Card sont généralement acceptées, American Express, Diners et les autres cartes le sont moins fréquemment. Les chèques de voyages en dollars sont acceptés dans de nombreux magasins.

Gauche **Restaurant buffet** Centre **Centre de congrès** Droite **Volcan du Mirage**

🔟 Las Vegas bon marché

1 Préparer son voyage
Commencez tôt – les vols aux meilleurs tarifs se réservent parfois 3 mois à l'avance.

2 Forfaits aériens depuis les États-Unis
Les forfaits avion-hôtel au départ de la plupart des villes américaines sont d'excellentes affaires. Les tarifs vers les villes desservies par plusieurs transporteurs sont souvent moins chers que les itinéraires sur lesquels il y a peu de concurrence.

3 Forfaits aériens depuis l'étranger
Si vous envisagez de visiter au moins 2 villes américaines, dont Las Vegas, demandez le prix de chaque tronçon séparément. Depuis l'Europe, il est souvent plus économique d'acheter un billet aller-retour pour New York ou Chicago par exemple, puis de circuler aux États-Unis en combinant des billets aller simple à tarif réduit et des locations de voiture.

4 Choisir ses dates
Programmez votre voyage aux meilleures dates. Les tarifs hôteliers varient chaque jour en fonction de l'offre et de la demande. Ils sont plus élevés le week-end, les jours fériés et lors des grands congrès et manifestations. Par exemple, une chambre à 300 $ la nuit pour un week-end chargé de mai passe à 110 $ en novembre. Les tarifs aériens sont eux aussi plus bas l'hiver.

5 Location de voitures
Les tarifs évoluent encore plus rapidement – parfois d'heure en heure. Le numéro de la carte bancaire n'étant pas nécessaire, réservez le véhicule qu'on vous propose un bon prix, quitte à annuler plus tard si vous trouvez une offre plus intéressante.

6 Informations gratuites
Dès votre arrivée en ville, allez directement au bureau d'information géré par le Las Vegas Convention & Visitors Authority *(p. 115)* et prenez les revues et brochures gratuites. Elles contiennent des bons pour des offres spéciales et des réductions sur les spectacles, restaurants, etc.

7 Repas
Faites du déjeuner votre repas principal. À midi, les buffets coûtent quelques dollars de moins que le soir, tout en servant quasiment les mêmes plats. Si vous êtes matinal ou un couche-tard, ou si vous souffrez du décalage horaire, vous économiserez sur la nourriture : plusieurs casinos, notamment ceux du centre-ville et de la banlieue, proposent des repas à prix réduits entre 23 h et 6 ou 7 h.

8 Achats
Pour acheter à prix réduits, prenez un des autobus 301 ou 302 qui vont du Strip aux boutiques. Changez pour le bus 303 ou prenez la navette gratuite qui va à Las Vegas Outlet Center *(p. 53 et p. 91)*. Chaque trajet ne coûte que quelques dollars.

9 Distractions
À Fremont Street Experience *(p. 79)*, les fantastiques spectacles son et lumière et les numéros de rue sont gratuits. Sur le Strip, de nombreux grands hôtels proposent des spectacles gratuits impressionnants pour attirer la clientèle *(p. 76)*. D'autres attractions gratuites sont moins connues, comme les oiseaux tropicaux du casino-hôtel Tropicana.

10 Manifestations gratuites
De temps en temps, les casinos organisent des promotions. Des groupes donnent alors des concerts et des organismes parrainent diverses manifestations gratuites. Consultez la rubrique « calendrier » de la presse locale et les programmes de spectacles gratuits.

Autres distractions gratuites ou bon marché **p. 76 et p. 82**

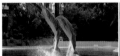

Gauche **Dolphin Habitat au Mirage** Centre **Excalibur** Droite *Cirque du Soleil* au Bellagio

10 Se distraire

1 Spectacles

Programmez au moins un grand spectacle pendant votre séjour. Une visite à Las Vegas serait incomplète sans ces représentations très impressionnantes et d'un grand professionnalisme. De plus, tous les shows ne sont pas aussi onéreux que le célèbre *O* du Cirque du Soleil ou *Bette Midler*.

2 Horaires des spectacles

La plupart des grands spectacles proposent deux séances chaque soir, avec un ou deux jours de relâche dans la semaine (variable selon le show). En matinée, les billets sont meilleur marché.

3 Dîners

La plupart des spectacles n'incluent ni le repas ni la boisson (il y a des buvettes devant la plupart des salles), mais certains hôtels proposent des dîners-spectacles ou des forfaits spectacle-boisson. Préférez cette dernière formule, moins onéreuse. De plus, la cuisine des dîners-spectacles est rarement extraordinaire.

4 Autres spectacles

Les revues à grand spectacle ne sont pas les seules de la ville. D'autres représentations, à l'affiche depuis longtemps dans les casinos-hôtels, mettent en scène des magiciens, des comédiens et des imitateurs. Des artistes encore peu connus se produisent aussi dans certains clubs.

5 Vedettes

Si vous tenez à voir un artiste précis dans l'une des somptueuses représentations de la ville, prenez vos billets dès que le spectacle est annoncé. Si vous tardez, vous risquez de ne trouver que de mauvaises places très chères. À Las Vegas, les grandes vedettes ne se produisent souvent qu'une seule fois ; les billets meilleur marché sont à moins de 100 $, et les places les plus onéreuses peuvent parfois dépasser les 1 000 $.

6 Spectacles de salon

Les spectacles de salon font partie des sorties économiques à Las Vegas. On ne paie que le prix de la consommation pour y assister. Certains sont même gratuits.

7 Futures stars

Si vous voulez connaître les numéros les plus récents, qui peuvent devenir plus tard les plus recherchés, vous pouvez assister aux spectacles de salon dans les casinos. Ils ont vu défiler de nombreux artistes, aujourd'hui parmi les plus célèbres d'Amérique, avant qu'ils ne connaissent la gloire.

8 Distractions inattendues

Les distractions sont omniprésentes à Las Vegas. Aussi n'est-il pas rare de tomber par hasard sur un orchestre de jazz à l'entrée d'un hôtel, un récital de danse dans un centre commercial, un quartette à cordes dans un parcours des artistes ambulants dans un hôtel à thème.

9 Boîtes de nuit

Outre les grands spectacles à l'affiche dans les multiples salles de la ville, Las Vegas propose de nombreux bars et boîtes de nuit *(p. 42-43)*. La plupart des grands casinos-hôtels disposent d'un night-club. L'entrée est payante et une tenue correcte est exigée pour les hommes comme pour les femmes.

10 Culture

Las Vegas ne rime pas toujours avec culture, mais des artistes internationaux de tout premier ordre se produisent pourtant régulièrement dans la ville : Luciano Pavarotti a chanté au Mandalay Bay et les meilleurs orchestres et troupes de ballet passent à l'université. En dehors de leur registre habituel, les artistes des spectacles de Las Vegas s'impliquent dans les syndicats d'acteurs, le ballet et les productions musicales.

Gauche *Jubilee* Centre *Le Rêve* Droite *Kà*

TOP 10 Acheter des billets

1 Réserver à l'avance
Achetez vos places de spectacle très à l'avance auprès de votre agent de voyages, ou en contactant le bureau de location adéquat (appelez l'hôtel qui vous mettra en relation avec son théâtre), ou encore en passant par une agence de spectacles comme Ticketmaster. Il est impossible d'obtenir le jour même des billets pour les grands spectacles comme *O* et *Mystère* (p. 38), même si l'on séjourne à l'hôtel où ils sont programmés.

2 Billet à rabais
Des billets à rabais pour les différents spectacles sont vendus par Tix4Tonight au Hawaiian Marketplace, à l'extérieur du Fashion Show Hall, en face du Echelon Resort et à l'hôtel Four Queens, près de la bouteille de Coca-Cola géante au nord du MGM Grand.

3 Dernière minute
Si vous voulez voir un spectacle et que vous ne parvenez pas à avoir de billet à l'avance, présentez-vous tôt à l'entrée pour être en tête de la file d'attente. Vous augmenterez vos chances d'avoir une place.

4 VIP
Les gros joueurs n'ont pas à se soucier de la queue à l'entrée des théâtres. Le bureau VIP se charge de satisfaire tous leurs désirs.

5 Choisir sa place
Si c'est possible, n'hésitez pas à consulter le plan de la salle. Puisque les places sont toutes au même prix, autant choisir celles qui vous conviennent le mieux, même si, dans les nouveaux théâtres, il n'y a pas *a priori* de mauvais placement.

6 Pourboires
Il n'est pas toujours nécessaire de donner un pourboire au maître d'hôtel ou à l'ouvreuse. Les billets sont souvent émis électroniquement avec un numéro de siège précis. Cependant, dans les salles où l'on est à table, c'est le maître d'hôtel qui place les clients. Un billet de 20 $ est toujours le bienvenu, glissez-le-lui discrètement dans la main.

7 Salles universitaires
Les billets pour les spectacles du Judy Bayley Theater et de l'Artemis Hamm Concert Hall sur le campus universitaire peuvent s'acheter au même bureau de location. Renseignez-vous auprès de la Las Vegas Convention & Visitors Authority ou dans la presse locale.

8 Autres spectacles culturels
Les billets pour les programmes culturels présentés dans les centres artistiques municipaux et les amphithéâtres en plein air s'achètent souvent dans les agences de spectacles comme Ticketmaster. Néanmoins, il faut parfois les procurer auprès des guichets de vente des différentes salles (leurs coordonnées figurent dans les pages jaunes de l'annuaire de Las Vegas).

9 Voyage organisé et spectacles
Si les spectacles de Las Vegas sont votre priorité, demandez à votre agent de voyages de les inclure dans votre itinéraire.

10 Renseignements
Si vous avez du mal à trouver des billets, contactez la Las Vegas Convention & Visitors Authority *(p. 115)* ou la rédaction des grands journaux de la ville.

Adresse

Ticketmaster
702 474 4000.

Gauche **Mariage au Bellagio** Centre **Chapelle nuptiale** Droite **Mariage d'Elvis Presley à Las Vegas**

TOP 10 Se marier à Las Vegas

Mode d'emploi

1 Obtenir une licence

Au Nevada, les conditions d'obtention d'une licence de mariage ont toujours été moins rigoureuses que dans les autres États. Aucun test sanguin n'est requis et, une fois la licence émise, aucun délai n'est nécessaire avant le mariage. Pour obtenir la licence, les fiancés doivent se présenter au bureau du County Clerk au Clark County Courthouse. Plus de 100 000 mariages sont célébrés tous les ans dans le Clark County.

2 Pièce d'identité

Il faut présenter une pièce d'identité, comme l'acte de naissance certifié, traduit en anglais et notarié, ou le passeport. Les divorcés doivent fournir l'acte de divorce portant la date, la ville et le pays d'émission du document.

3 Âge légal

L'âge légal du mariage est de 18 ans. Les jeunes de 16 à 18 ans doivent être accompagnés d'un parent consentant ou présenter un acte notarié signé par un parent consentant.

4 Gagner du temps

Les couples qui comptent se marier le jour de la Saint-Valentin ou le 31 décembre doivent obtenir leur licence à l'avance pour éviter les longues files d'attente au bureau du County Clerk.

5 Officiant

La loi du Nevada veut que le mariage soit célébré par un officier de l'état civil ou tout représentant d'une confession religieuse, autorisé par l'État.

6 Cérémonie civile

Le mariage civil est célébré non loin du Courthouse, dans le bureau du Commissioner of Civil Marriages, pour la somme de 50 $.
Un témoin est nécessaire en plus de l'officiant.

7 Mariage religieux

Si vous marier religieusement à Las Vegas vous tient vraiment à cœur, demandez à votre pasteur, prêtre ou rabbin de contacter le responsable de l'église, du temple ou de la synagogue de Las Vegas choisi pour la cérémonie. C'est un bon moyen de parer aux éventuelles divergences concernant la préparation du mariage, la publication des bans, etc.

8 Prix

La licence coûte 55 $, payables en espèces. Comptez 75 $ pour une cérémonie simplifiée dans une chapelle nuptiale, 50 $ pour le célébrant, auxquels s'ajoutent les fleurs, la musique ou la location de costumes. Les mariages célébrés par un sosie d'Elvis Presley commencent à 200 $. Réservez la chapelle à l'avance, car le planning peut être complet.

9 Lieux

Avec plus de 50 chapelles, des centaines d'églises, de synagogues, de temples, de parcs publics, de salles de bal et de lieux pittoresques, Las Vegas offre tous les cadres possibles pour un mariage. Les officiants n'acceptent pas tous de le célébrer en parachute ou en hélicoptère !

10 Mariages homosexuels

Ils ne sont pas reconnus au Nevada, mais certaines chapelles nuptiales de la ville comme la Gay Chapel of Las Vegas, dans la chapelle Vivia Las Vegas (p. 50), procèdent à des cérémonies de pacte.

Adresses

Clark County Courthouse
201 S 3rd St.
• ouv. t.l.j. 8h-minuit
• 702 455 3156.

Commissioner of Civil Marriages
309 S 3rd St.
• t.l.j. 8h-22h.

Gay Chapel of Las Vegas
1205 Las Vegas Blvd. S
• 800 574 4450.

 Les 10 meilleures chapelles nuptiales p. 50-51

Gauche **Little Church of the West** Centre **Chapelle nuptiale** Droite **Restaurant Pamplemousse**

🔟 Lune de miel à Las Vegas

1 Forfait hôtelier

Les hôtels de Las Vegas proposant presque tous des forfaits jeunes mariés, il est bon de comparer les prix. Le forfait de base comprend une chambre surclassée, une bouteille de champagne avec les flûtes en souvenir, le petit déjeuner en chambre (en option) et un dîner dans l'un des restaurants de l'hôtel.

2 Variations de prix saisonnières

La licence de mariage coûte 55 $ toute l'année, et les prix des chapelles sont relativement constants (sauf le jour de la Saint-Valentin et le 31 décembre), mais les forfaits jeunes mariés dépendent de la date choisie. Par exemple, une lune de miel d'une semaine coïncidant avec le très important congrès annuel Comdex, qui draine 225 000 participants, coûtera de 2 à 4 fois plus cher que la semaine précédente ou suivante.

3 Forfait Bed & Breakfast

Si vous voulez échapper à la foule et aux néons, penchez-vous sur les forfaits jeunes mariés en Bed & Breakfast et sur les locations de house-boat *(p. 134)*.

4 Offres sur Internet

Étudiez les bonnes affaires sur Internet. Tous les grands hôtels et beaucoup de petits établissements ont un site Internet comportant des renseignements sur les forfaits.

5 Lune de miel sans forfait

Si vous préférez organiser vous-même votre voyage de noces, vous pouvez ajouter à une simple réservation votre touche personnelle – une boîte de chocolats gastronomiques d'Ethel M. (fabriqués à Las Vegas), un dîner dans un restaurant romantique, comme par exemple Pamplemousse *(p. 46)*, et vos spectacles préférés.

6 Hébergement

À l'exception de l'élégant J.W. Marriott Las Vegas et du romantique Loews Lake Las Vegas *(p. 89)*, plus on s'éloigne du Strip, moins l'hébergement est cher.

7 Professionnels du mariage

Las Vegas Weddings organise mariages et voyages de noces dans la ville depuis 1973.

8 Trousseau

La lingerie vendue dans des magasins comme Bare Essentials et A Slightly Sinful Adventure est insolite et peut s'intégrer à votre trousseau.

9 Photos de mariage

Pour avoir un souvenir peu coûteux de votre voyage de noces, faites-vous photographier en costume par le concessionnaire du deuxième étage de l'Excalibur, ou faites insérer votre visage sur la couverture d'un magazine par Cashman Photo à Miracle Mile à Planet Hollywood (702 792 3686).

10 Films

Les suites nuptiales disposent généralement d'un lecteur DVD ou d'un magnétoscope. Les mariés cinéphiles peuvent louer la comédie *Lune de Miel à Las Vegas* avec Nicolas Cage (Andrew Bergman, 1993).

Adresses

Bare Essentials
4029 W Sahara Ave.
• *702 247 4711.*

A Slightly Sinful Adventure
1232 Las Vegas Blvd. S
• *702 387 1006.*

Information générale
• *www.vegas.com/weddings*

Gauche **Enseigne du casino Sunset Station** Droite **Machines à sous**

TOP 10 Clubs de machines à sous

1 S'inscrire

Si vous comptez jouer, inscrivez-vous à un club de machines à sous. La plupart des casinos en ont un et l'inscription est gratuite. Il suffit d'avoir au moins 21 ans. Ces clubs offrent des cadeaux en fonction de la somme jouée, indépendamment des gains ou pertes au jeu.

2 Optimiser les avantages

Comparez les cadeaux et les modes de comptabilisation des points. Par exemple, deux clubs peuvent remettre un cadeau en échange du même nombre de points, mais l'un d'eux peut accorder 2 points pour 5 $ introduits dans la machine et l'autre deux points pour seulement 1 $. On peut s'inscrire dans plusieurs clubs, mais les connaisseurs conseillent de se limiter à un seul afin d'accumuler suffisamment de points pour gagner un cadeau.

3 Carte de membre

Insérez votre carte de membre en plastique (délivrée à l'inscription) pour enregistrer vos points. Les points accumulés s'échangent contre des repas et des nuits d'hôtel à tarifs réduits (voire gratuits), ou des articles à logo comme des tasses, T-shirts, sacs de sport, survêtements et casquettes. Certains casinos offrent aussi des espèces en cadeau.

4 Hôtes

Presque tous les casinos emploient des « hôtes » qui circulent dans l'établissement pour répondre aux questions sur le fonctionnement des machines. N'hésitez pas à leur demander combien de temps vous devez jouer pour être « invité » à déjeuner, à dîner ou au spectacle de leur théâtre. C'est une procédure courante.

5 Astuce à l'inscription

Un couple qui effectue un séjour unique à Las Vegas a intérêt à s'inscrire ensemble pour recevoir 2 cartes dont les points s'accumulent sur un même compte. Par contre, un couple qui envisage plusieurs séjours a intérêt à prendre deux inscriptions individuelles, car certains casinos envoient des offres de nuits d'hôtel à tarifs réduits. Ainsi, le couple peut espérer gagner deux fois plus de nuits à tarifs réduits.

6 Redistribution des mises

Tous les casinos ont des machines de vidéo poker et des machines à sous avec des rapports de gain différents (taux moyen que la machine redistribue au joueur). Choisissez les machines qui ont les meilleurs programmes de redistribution. Ceux-ci figurent sur le devant de la machine : ils indiquent les combinaisons gagnantes et le nombre de pièces distribuées lorsqu'on tombe sur la bonne combinaison.

7 Gérer son budget de jeu

N'oubliez pas qu'au jeu, le casino est toujours le gagnant (le taux de redistribution de 100 % des machines de vidéo poker les plus généreuses est estimé sur un jeu parfait). Perdre 50 $ pour être invité à un buffet de 6,95 $ n'est pas une bonne affaire.

8 Jeux de table

Outre les machines à sous, de nombreux casinos proposent des jeux de table. Assurez-vous auprès du chef de table que ces jeux sont inclus dans le décompte des points du club.

9 Encaissement

Surveillez l'heure quand vous comptez convertir vos points en espèces. De nombreux guichets ferment avant minuit pour ne rouvrir que le lendemain matin.

10 Séjours futurs

Si vous comptez revenir prochainement à Las Vegas, abonnez-vous au Las Vegas Advisor qui comporte une rubrique mensuelle sur les clubs.

Gauche **Carte de membre d'un casino** Droite **Table de black-jack**

TOP 10 Tournois

1 Calendrier des tournois

Les parieurs doivent se renseigner auprès des différents casinos pour connaître le calendrier des tournois pendant leur séjour. Il peut s'agir de manifestations d'un jour aux droits d'inscription modiques, voire gratuits, ou de tournois de 4 jours. Les plus appréciés sont les tournois de black-jack, de machines à sous et de vidéo poker.

2 Tournois de plusieurs jours

Les tournois de 4 jours laissent du temps libre, car on ne joue que 2 ou 3 heures. Le droit d'inscription comprend en général l'hébergement (ou une chambre à prix réduit), certains repas et un crédit bar pour le participant et un invité. Ces frais peuvent atteindre des milliers de dollars, mais ils sont le plus souvent compris entre 199 et 599 \$. Dans les tournois à grosse mise, les prix en espèces atteignent parfois le million de dollars.

3 Entre les parties

La plupart du temps, les tournois de machines à sous ou de vidéo poker consistent en 3 parties de 20 à 30 min sur des machines à compteur, qui n'ont pas à être alimentées pendant le tournoi. Les prix sont décernés aux gagnants de chaque partie et aux joueurs qui totalisent les scores les plus élevés pour les 3 parties. Il est intéressant pour un casino d'organiser un tournoi, car les participants jouent dans l'établissement pendant leur temps libre.

4 Prix

Le montant des prix en espèces varie, mais le pourcentage des participants qui en reçoivent un est en général élevé – jusqu'à 25 %.

5 Blackjack

Les tournois de black-jack consistent en général en 3 parties : les gagnants des parties passent en demi-finale puis en finale. Le droit d'inscription comprend le plus souvent un certain nombre de jetons distribués au début du tournoi, puis avant la demi-finale et avant la finale.

6 Gros joueurs

Si vous jouez beaucoup, assurez-vous que vous figurez sur la liste des invités de vos casinos favoris. Plusieurs d'entre eux n'annoncent pas leurs tournois mais invitent les gros joueurs dont les noms sont sélectionnés dans leur base de données. Hébergement, repas et boissons sont les meilleurs de l'établissement, et les droits d'inscription vont de la gratuité aux milliers de dollars.

7 Gérer son budget de tournoi

Si vos ressources sont limitées, mieux vaut participer aux tournois assortis de droits d'inscription qu'à ceux qui n'en ont pas, mais où l'on joue avec ses propres deniers. Les participants de certains tournois paient parfois un supplément pour acheter des jetons ou des tours de machine en cours de tournoi.

8 Atout

Quand vous participez à un tournoi dont l'issue dépend à la fois de la chance et de la technique, préférez les boissons non alcoolisées et l'eau minérale aux alcools offerts par la maison, pour garder la tête froide.

9 Machines de tournoi

Les machines du casino ne font pas gagner aussi souvent que celles des tournois. Les scores élevés et les gros lots fréquents suscitant l'excitation, les machines de tournoi sont en général réglées de façon à être très actives.

10 Fidélisation

Si vous avez apprécié l'expérience et voulez être invité à un autre tournoi, envoyez un mot de remerciement au directeur des activités du casino.

Gauche **Croupier à une table de roulette** Centre **Baccara** Droite **Keno**

☝10 Conseils aux joueurs

En préambule
Le casino est toujours gagnant au jeu, qui est plus une distraction qu'une réelle source de profit. Fixez donc à l'avance la somme que vous miserez et cessez de jouer dès que vous l'avez perdue. Si vous gagnez et voulez continuer, ne jouez qu'une partie de vos gains et récupérez le reste ainsi que votre mise initiale pour finir gagnant.

Jeux de casino
Le black-jack (appelé aussi « 21 ») est le jeu de table où les joueurs ont le plus de chances de gagner. Les autres jeux de table les plus pratiqués sont le craps (dés), le baccara, la roulette, le poker et trois jeux basés sur le poker « Five Card Stud » : Caribbean Stud Poker, Let'er Ride et Pai Gow.

Machines à sous
C'est la machine à sous qui rapporte le plus d'argent aux casinos du Nevada. Selon les experts, elle crée une dépendance. Certaines machines – le vidéo poker notamment – supposent une certaine adresse, d'autres relèvent du pur hasard.

Mise et encaissement
Si l'on insère un billet de 10 ou 20 $ dans la fente d'une machine à sous – les machines n'acceptent plus les pièces – on peut jouer plus vite, car il suffit alors d'appuyer sur un bouton pour déduire de la mise le nombre de pièces voulu. Quand on tombe sur la combinaison gagnante, les gains sont ajoutés au total et non éjectés par la machine. Ils sont ensuite indiqués sur un ticket à échanger contre des espèces.

Lire les tableaux de gains
Pour gagner le gros lot affiché sur la machine à sous, il faut insérer le nombre maximum de pièces accepté par l'appareil. Il faut donc choisir entre risquer un gros montant ou être déçu si l'on gagne sans avoir inséré assez de pièces pour toucher le gros lot.

Keno
Les chances de gagner au keno sont les plus faibles de tous les jeux de casino. Il s'agit de choisir des nombres (de 1 à 80) qu'on espère voir correspondre aux 20 numéros qui s'affichent au hasard. La plupart des casinos ont une salle de keno.

Vocabulaire du jeu
Connaître le jargon des casinos est utile. Paiement manuel *(hand pay)* : gains remis par un employé du casino et non par la machine. *Stickman* : employé du casino qui ramasse les dés sur la table de craps avec un bâton crochu. Joueur-lanceur *(shooter)* : joueur dont c'est le tour de jeter les dés. Pourboire *(tokes)* : remis pour service rendu. *RFB comp* : chambre, repas et boissons gratuits (offerts en général aux gros joueurs). Gros joueur *(high roller)* : celui qui parie des montants élevés. Crever *(bust hand)* : au black-jack, totaliser plus de 21 (perdre).

Jetons
Dans tous les casinos de Las Vegas, les jetons de 5 $ sont rouges, ceux de 25 $ sont verts et ceux de 100 $ sont noirs. La couleur des jetons de valeur supérieure varie.

Offres alléchantes
Ne vous laissez pas tenter par les offres que proposent les coupons des casinos. Ne profitez des coupons « deux pour le prix d'un » que si vous comptiez jouer.

Pourboire
Si vous gagnez un gros lot remis par un membre du personnel et non par la machine, il est d'usage de donner un pourboire. Les joueurs donnent en général 3 à 5 % de leurs gains, les plus généreux vont jusqu'à 10 %.

Autres renseignements sur les casinos et le jeu **p. 36-37** *et* **p. 122-123**

Gauche **Paris pendant une partie de craps** Centre **Dés de craps** Droite **Casino Arizona Charlie's**

TOP 10 Risques du jeu

1 Fatigue du jeu

Arrêtez-vous de temps en temps. Le jeu est épuisant, psychologiquement et physiquement. Si vous passez plus d'une heure à vous demander si vous allez continuer ou non, ou deux heures penché sur une machine à sous, la fatigue ne manquera pas de se manifester. Faites une pause – quelques pas à l'extérieur par exemple – ou allez manger un morceau et boire un peu pour reprendre des forces.

2 Probabilité des gains

Ce n'est pas parce que la machine à sous n'a pas versé de jackpot depuis longtemps qu'elle est sur le point de le faire. Chaque tour de rouleau est indépendant du précédent et du suivant.

3 Mauvais calcul

Attention aux machines qui fonctionnent avec plusieurs pièces de 5 cents. Ce sont les plus rentables pour les casinos. La plupart ont 9 lignes, certaines, jusqu'à 25. Dans la pratique, cela signifie que pour jouer le nombre maximum de pièces sur toutes les lignes, on risque au moins 4,50 $ chaque fois que l'on appuie sur le bouton.

4 Manque de discrétion

Ne vous vantez pas de vos gains devant des oreilles inconnues. On ne sait jamais à qui l'on a affaire – rois de l'arnaque ou pire.

5 Boissons gratuites

Ne succombez pas aux boissons gratuites offertes aux joueurs par les serveuses qui circulent dans les casinos. L'excès d'alcool diminue les capacités des joueurs, et certains sont même partis en oubliant leurs tickets indiquant leurs gains.

6 Pollution atmosphérique

Si vous êtes non-fumeur, ne fréquentez pas les salles enfumées. Heureusement, la plupart des casinos récents sont dotés de systèmes de ventilation très efficaces.

7 Encaissement des gains

Une fois le chèque de gain touché, on est tenté de le dépenser. D'où les multiples offres qui incitent les clients à encaisser leur chèque dans les casinos : boissons gratuites, parties de machines à sous gratuites, participation au tirage d'une voiture et même d'une maison.

8 Flamber son argent

Définissez à l'avance la somme que vous acceptez de perdre plutôt que celle que vous voulez gagner avant d'arrêter de jouer. Si certains joueurs gagnent parfois des sommes colossales, les casinos-hôtels, dont la construction a coûté des millions de milliards de dollars, et les nombreux monts-de-piété sont la preuve que l'on perd en général plus d'argent qu'on n'en gagne.

9 Mauvaises affaires

Certains casinos proposent des bonus de 40 $, voire 100 $ si vous jouez 20 $ aux machines à sous. Ces offres, destinées à attirer les joueurs, ne sont valables que sur certaines machines, et c'est seulement après avoir payé que les « pigeons » apprennent ces conditions.

10 Mineurs et jeu

Les moins de 21 ans ne sont pas autorisés à jouer et risquent d'être arrêtés. Si vous êtes repéré, vous comparaîtrez devant le tribunal, car c'est un délit soumis à des sanctions qui peuvent aller de l'amende aux travaux d'intérêt général, voire à une peine de prison d'un an maximum.

Gauche **Excalibur** Centre **Apprendre les ficelles du jeu** Droite **Palace Station**

🔟 Initiation au jeu

1 Anxiété du joueur
Pour surmonter le trac du débutant, suivez des leçons d'initiation au jeu. Elles sont dispensées gratuitement dans les casinos indiqués ci-dessous, du lundi au vendredi, et durent environ une heure.

2 Règles de la maison
Même si vous jouez régulièrement au poker ou au baccara avec des amis, les leçons vous apprendront les procédures et protocoles du jeu en casino. Il est parfois gênant d'en ignorer les règles.

3 Choisir un horaire
Les leçons sont plus profitables le matin. Elles ont lieu dans les casinos, qui deviennent plus bruyants au fil de la journée, ce qui nuit à la concentration.

4 Pourboires
Bien que les leçons soient gratuites, un pourboire de 2 à 5 $ est toujours apprécié par le professeur.

MGM Grand

5 Un gagnant
Plus d'une demi-douzaine de casinos du Strip offrent des leçons de jeu, dont l'Excalibur, le Circus Circus, le Tropicana et l'Imperial Palace. Les horaires des leçons et les jeux enseignés varient d'un établissement à l'autre.

6 Jeux exotiques
Si vous souhaitez vous mettre au Pai Gow Poker, au Caribbean Stud et au Let it Ride, téléphonez au Golden Nugget ou au The Palms pour connaître l'horaire des leçons.

7 Leçons à Downtown
Si vous préférez éviter le Strip, le Binion's est l'un des rares casinos de Downtown à proposer une initiation au jeu.

8 Leçon loin du Strip
Si vous avez une voiture et voulez stationner facilement, le casino-hôtel Palace Station, plus éloigné, est réputé pour la qualité de ses leçons.

9 Autres méthodes
Plutôt que d'assister aux leçons, on peut apprendre comment jouer à la plupart des jeux au casino en regardant les émissions de télévision en circuit fermé diffusées dans les chambres. Ces émissions sont diffusées plusieurs fois par jour.

10 Avertissement
Les cours d'initiation au jeu ne forment malheureusement pas des experts. Observez les joueurs avant de commencer à jouer et ne pariez que des petites sommes tant que vous êtes néophyte.

Black-jack

Casinos proposant une initiation au jeu

Excalibur
3850 Las Vegas Blvd. S
• 702 597 7777.

Gold Coast Hotel & Casino
400 W Flamingo Rd.
• 702 367 7111.

Golden Nugget
129 Fremont St.
• 702 385 7111.

Palms Casino Resort
4321 W. Flamingo Rd.
• 702 942 6961.

Tropicana Resort & Casino
3801 Las Vegas Blvd. S
• 702 739 2222.

Autres renseignements sur les casinos **p. 36-37**

On Levels 2-7 Near Elevators

Gauche **Panneau « Accès aux handicapés »** Droite **Monorail**

10 Pour les handicapés

1 Coordinateurs de l'ADA

Las Vegas est l'une des villes les plus accessibles pour les handicapés. Tous les grands casinos-hôtels ont un coordinateur ADA (Americans with Disabilities Act) qui veille à ce que les services soient adaptés. Demandez à votre agent de voyages de contacter celui de votre hôtel avant votre arrivée.

2 Navettes aéroport

Dans la zone de livraison des bagages, aux portes 1, 3 et 4 se trouvent des navettes avec élévateurs et des téléphones directs pour appeler un taxi qui en est équipé. Demandez aux loueurs de voitures si leurs navettes en ont un et prévenez-les si les sièges arrière de la camionnette doivent être retirés et s'il vous faut une rampe.

3 Conditions requises par l'ADA

Le Bellagio, le Mirage et l'Imperial Palace sont considérés comme les mieux aménagés pour les handicapés. Tous les hôtels sont tenus de disposer de chambres adaptées, mais on ne trouve pas toujours des équipements tels que douches à accès large, amplificateurs de son ou décodeurs télétexte.

4 Accès aux casinos

Les casinos possèdent souvent des machines à sous et des tables accessibles aux fauteuils roulants. Les salles de bingo proposent des cartes en braille ou en gros caractères. Si la demande est faite à l'avance, un interprète en langage des signes traduit les leçons du casino.

5 Piscines

La plupart des hôtels disposent d'un élévateur pour aider les clients à entrer dans la piscine. Certaines piscines avec plage de sable ont une entrée accessible aux handicapés.

6 Salles de spectacle

Toutes les salles de spectacle réservent des places aux handicapés. Prévenez le personnel à l'avance, car les fauteuils roulants sont souvent installés en premier.

7 Rampes et toilettes

Tous les édifices publics, attractions et casinos-hôtels sont équipés de rampes et de toilettes pour les handicapés. Dans la plupart des rues, les bords des trottoirs ont été remaniés pour les fauteuils roulants. Les autobus, le monorail et certains taxis, tramways et navettes sont accessibles. Il est aussi possible de louer une voiture monoplace pour remplacer le fauteuil roulant.

8 Médicaments et horaires

Si vous devez prendre des médicaments à heure fixe, portez une montre, car il n'y a pas d'horloge dans les casinos.

9 Passerelles pour piétons

Les passerelles aériennes pour piétons sont dotées d'ascenseurs ou d'escalators.

10 Renseignements

Le site Internet www.andy.fr rassemble des informations pour les personnes handicapées. Les coordinateurs de l'ADA répondent également à toutes vos questions. Consultez aussi leur site indiqué ci-dessous.

Adresse

www.vegasdisability info.com

Bellagio

Gauche **Librairie gay** Droite **Las Vegas de nuit**

TOP 10 Gays et lesbiennes

1 Tolérance
La ville semble libérale et tolérante, mais les opinions de certains citoyens sont parfois jugées comme très conservatrices, bien que la ville ait élu pour la première fois un député homosexuel à la Chambre des représentants de l'État. De nombreuses entreprises acceptent dans leur dispositif d'assurance maladie un concubin du même sexe que l'assuré.

2 Organismes gays
Plus de 75 organismes gays actifs à Las Vegas s'occupent de tous les centres d'intérêt, allant du chant au motocyclisme.

3 Quartier gay
Le principal quartier gay de Las Vegas, avec plusieurs bars et clubs gays, est délimité par Paradise Road, Harmon et Tropicana Avenues, à l'est du MGM Grand.

4 Clubs
Le Gipsy attire essentiellement une clientèle jeune. À Keys, toute la salle chante avec le piano-bar. Le Tramps accueille des spectacles de transformistes. Snick's Place, le plus ancien bar gay de la ville, est aujourd'hui devenu une sorte d'icône.

5 Bar transsexuel
Le Las Vegas Lounge est l'unique bar transsexuel de la ville.

6 Renseignements sur Internet
Plusieurs sites Internet sont consacrés aux lieux gays et lesbiens de la ville. Consultez www.gaynvegas.com pour les hébergements et les restaurants où les gays sont les bienvenus voire appartenant à des gays.

7 Lieu de rencontre
Le Gay & Lesbian Community Center (appelé « The Center », ci-dessous), qui organise souvent des événements, est le lieu de rencontre des divers groupes gays et lesbiens. Des tests HIV gratuits et anonymes sont effectués le jeudi après-midi de 13 h à 18 h.

8 Lectures
La librairie gay Get Booked, petite mais bien approvisionnée, est ouverte 7 j/7.

9 Publications
Les actualités locales relatives au monde gay paraissent dans les *Las Vegas Bugle* et *Out Las Vegas*. Ces deux publications sont en vente dans les bars locaux et à la librairie Get Booked.

10 Assistance téléphonique
Elle est assurée par l'organisme PFLAG (Parents and Friends of Lesbians and Gays) *(ci-dessous)*.

Adresses

Flex
4347 O Charleston Road
• 702 215 0669.

Gay & Lesbian Community Center
953 E Sahara Avenue
• 702 733 9800.

Get Booked
4640 Paradise Rd.
• 702 737 7780 • ouv. lun.-jeu. 10h-minuit, ven.-dim. 10h-2h.

Gipsy
4605 Paradise Road.
• 702 731 1919.

Krave
3663 Las Vegas Blvd. S
• 702 836 0830.

Las Vegas Lounge
900 E Karen Ave
• 702 737 9350.

PFLAG
702 438 7838.

Snick's Place
1402 S Third Street
• 702 385 9298.

Sites Internet
www.gayvegas.com
www.gaynvegas.com

Gauche **Enseigne de la Bank of America** Centre **Distributeur de billets** Droite **Billet de 50 $**

10 Banques

1 Horaires
En général, les banques sont ouvertes du lundi au vendredi de 9 h à 17 h ou 18 h et le samedi de 9 h à 13 h. Les succursales situées dans les supermarchés restent ouvertes plus longtemps, ainsi que le samedi toute la journée et parfois le dimanche après-midi.

2 Distributeurs automatiques de billets (ATM)
Pour profiter du meilleur taux de change, retirez des espèces aux DAB et payez vos achats avec votre carte bancaire. Des frais sont prélevés sur votre compte pour l'utilisation d'un distributeur d'une banque autre que la vôtre. Le mode d'emploi s'affiche en anglais et en espagnol, mais jamais en français.

3 Drive-Through Banking
Pour les transactions financières les plus simples, le plus pratique est d'aller au *drive-in* (ou *drive-thru*), où l'on est servi en restant au volant. Les guichets sont en général ouverts une demi-heure avant et

après les heures des banques et sont le plus souvent équipés de distributeurs de billets.

4 Espèces
Les divers bureaux d'encaissement de chèques situés sur le Strip et à Downtown perçoivent des frais élevés. On peut obtenir des espèces avec une carte bancaire dans les machines des casinos-hôtels, mais le service coûte en général 5 % de la somme retirée, voire plus pour les petites sommes.

5 Encaisser un chèque à l'hôtel
Les hôtels encaissent souvent les chèques personnels de leurs clients s'ils sont libellés en dollars, mais ils refusent de le faire pour les chèques des non-résidents.

6 Change de devises
Contrairement aux banques européennes, rares sont les banques de Las Vegas qui effectuent le change, à l'exception de la Bank of America. De nombreux casinos-hôtels changent les devises, mais des frais viennent s'ajouter au taux de change pratiqué.

7 Chèques de voyage
Les chèques de voyage peuvent être encaissés dans les banques et les

casinos-hôtels. Ceux qui sont libellés en dollars vous dispensent de frais sur place. Si les vôtres sont dans une autre monnaie, changez de préférence des sommes importantes pour réduire les frais d'encaissement.

8 Coupures américaines
Les dollars américains existent en coupures de 1 $ minimum à 1 000 $ maximum.

9 Billets de banque
Les billets de banque américains sont difficiles à différencier si on n'y est pas habitué. Soyez très vigilant quand vous payez, par exemple, le chauffeur de taxi. Le billet de 1 $ a la même taille et la même couleur que celui de 20 $.

10 Petite monnaie
Le dollar américain *(buck)* se divise en 100 cents (ou *pennies*). Il existe des pièces de 1 cent, 5 cents *(nickel)*, 10 cents *(dime)*, 25 cents *(quarter)* et, plus rares, 50 cents *(half-dollar)*.

Adresse

Bank of America
6900 W Cliff Drive
• *702 654 6512*
• *ouv. lun.-jeu. 9h-17h, ven. 9h-18h, sam. 9h-1h*
• *www.bankofamerica. com*

Mode d'emploi

129

Gauche **Accès public à Internet** Centre **Timbre-poste** Droite **Enseigne de la poste**

Communications

1 Guides pour les visiteurs

Le programme des sorties est publié dans *What's On, Where, Today in Las Vegas, Monorail* et *Las Vegas Magazine*. On y trouve aussi des bons de réduction pour des repas et des spectacles.

2 Presse locale

Les principaux quotidiens de la ville sont le *Las Vegas Review-Journal*, qui paraît le matin, et le *Las Vegas Sun*, qui sort l'après-midi. Il est très difficile de trouver la presse étrangère à Las Vegas.

3 Accès Internet

Si vous avez besoin d'un accès Internet, vous pouvez aller dans les boutiques comme Kinkos, qui demande 0,20 $ par minute de connexion. Si vous avez plus de temps, rendez-vous dans une bibliothèque et prenez une carte qui vous donnera accès à un temps déterminé et vous permettra de surfer en toute tranquillité.

4 Téléphoner

Pour appeler Las Vegas ou les environs, inutile de composer l'indicatif régional 702. Ces appels locaux coûtent 50 cents les 3 minutes. Pour les appels nationaux, composez le 1, suivi de l'indicatif régional et du numéro à 7 chiffres. Pour les appels nationaux ou internationaux, mieux vaut utiliser une carte bancaire. Comme partout dans le monde, les appels passés depuis la chambre d'hôtel sont beaucoup plus onéreux que depuis un téléphone public.

5 Téléphone public

Des téléphones à pièces ou à carte se trouvent à l'entrée des supermarchés et des stations-service, mais aussi dans les restaurants, hôtels et casinos, en général près des toilettes

Téléphone public

6 Téléphonie mobile

Si vous souhaitez louer un portable pendant votre séjour, consultez les pages jaunes locales ou adressez-vous à la réception de votre hôtel.

7 Centres d'affaires des hôtels

La plupart des grands hôtels proposent à leurs clients un centre d'affaires (payant) doté d'ordinateurs haut de gamme. Certains établissements offrent également des services de secrétariat et des chambres équipées de prises pour ordinateur, fax et Internet. Tous les visiteurs de Las Vegas ne sont pas en vacances !

8 Télégramme

Pour envoyer un télégramme international, demandez à votre hôtel l'adresse du bureau de la Western Union le plus proche. Cet organisme effectue aussi des virements télégraphiques.

9 Bureaux de poste

Vous pouvez recevoir du courrier directement à votre hôtel ou en poste restante (General Delivery) depuis n'importe quel bureau en ville. Les mieux situés pour les visiteurs sont Downtown Station et General Mail Facility.

10 Média

Il existe une quarantaine de chaînes de radio et de télévision locales. La majorité des hôtels capte les chaînes étrangères par câble ou par satellite.

Adresses

Accès Internet Cyber Stop Internet Café
3743 Las Vegas Blvd. S
702 736 4782.

Kinkos Downtown
830 S 4th St.
702 383 7022.

Bureaux de poste Downtown Station
301 Stewart Ave.
Information générale
• *www.vegas.com*
weddings ouv. lun.-ven.
9h-17h, sam. 9h-13h.

Courrier
1001 E. Sunset Rd.
• *ouv. lun.-ven. 6h30-22h,*
sam. 8h-16h.

Mode d'emploi

Gauche **Agent de sécurité** Droite **Voiture de police**

TOP10 À éviter

1 Encombrements

La circulation est ralentie dans toutes les rues qui croisent Las Vegas Boulevard South, et le carrefour Tropicana-Las Vegas Boulevard est le plus encombré de la ville. Sa traversée peut prendre plus d'un quart d'heure.

2 Zones de criminalité

Le Strip et les 5 pâtés de maisons de la zone piétonne de Fremont Street Experience sont sûrs à toute heure. Ce n'est pas le cas de certains secteurs de North Las Vegas et de S Maryland Parkway, autour de Sunrise Hospital. Le quartier au nord de la bibliothèque de Las Vegas, sur Las Vegas Boulevard North, est sans doute le moins sûr de la ville. N'y circulez pas à pied.

3 Escroquerie

Des bandes d'escrocs, hommes et femmes, opèrent souvent au Nevada, pratiquant toutes sortes d'arnaques. Ils s'attaquent le plus souvent, mais pas exclusivement, aux personnes âgées. Méfiez-vous de toute proposition trop alléchante et n'acceptez jamais de toucher les gains fabuleux de quelqu'un d'autre en échange d'une rémunération.

4 Clubs pour messieurs

Les hommes sont incités à y entrer par des propositions coquines puis se voient facturés des sommes folles pour des boissons coupées d'eau, avant d'être congédiés sans avoir eu les faveurs promises. La prostitution est légale dans l'État du Nevada, sauf dans 5 comtés, dont Clark County. Les prostituées et leurs clients risquent donc des amendes et des peines de prison.

5 Manque de discrétion

N'attirez pas l'attention des voleurs et des pickpockets en portant des bijoux voyants. Laissez vos objets de valeur dans le coffre de votre chambre ou, à défaut, dans celui de la réception. Ne vous séparez pas de vos affaires personnelles : les néons, la musique et l'ambiance festive rendent parfois distrait. Si vous gagnez une grosse somme, faites-vous payer par chèque plutôt qu'en espèces. Vous pouvez éventuellement demander aux casinos de vous faire escorter par un agent de sécurité.

6 Enfants seuls

Ne laissez pas les jeunes de moins de 16 ans sortir seuls. Les enfants de moins de 12 ans ne sont pas admis seuls dans les centres commerciaux et les galeries de jeux, même au sein d'un groupe.

7 En voiture

Le soir, évitez les garages et les parcs de stationnement mal éclairés, surtout s'ils semblent déserts. Verrouillez votre voiture même quand vous conduisez. Placez tous vos bagages dans le coffre. Si vous confiez votre véhicule à un voiturier, retirez les objets de valeur que vous y laissez et ne lui confiez que les clés de la voiture et du coffre.

8 Aliments douteux

La soupe froide et la salade chaude sont des sources potentielles d'intoxication alimentaire. Sur les buffets, vérifiez que les plats chauds sont bien chauds et inversement.

9 Mendicité

Vous serez peut-être sollicité par des mendiants et vous pouvez aussi faire un don à une œuvre de bienfaisance qui héberge et nourrit les sans-abri.

10 Officiers de police

Malgré l'ambiance décontractée de Las Vegas, la police applique strictement la législation. Comportez-vous à Las Vegas comme vous le feriez dans votre ville.

Précautions dans le désert **p. 133**

Gauche **Panneau dans le désert** Centre **Thermomètre** Droite **Enseigne de drugstore**

TOP10 Santé

1 Acclimatation
Prenez le temps de vous acclimater à l'arrivée avant de vous adonner à des activités fatigantes, surtout si vous êtes habitué à un climat ou à une altitude très différents.
La sécheresse de l'air peut affecter les personnes sujettes aux saignements de nez.

2 Hydratation
En raison du faible taux d'humidité au Nevada, il faut boire beaucoup d'eau, surtout en été. Les urgences médicales sont souvent sollicitées pour des problèmes de déshydratation et de coups de chaleur.

3 Protection solaire
Enduisez-vous de crème solaire dès que vous sortez, et pas seulement au bord de la piscine. Le soleil du Nevada brûle même à travers les nuages.

4 Mesures de précaution
La pollution de l'air causée par la poussière du désert, les émanations des véhicules et les poussières microscopiques émises par les chantiers peuvent affecter ceux qui ont des problèmes respiratoires.

5 Allergies et arthrite
Les allergiques à la poussière et à l'armoise seront peut-être gênés, mais les arthritiques apprécient souvent le faible taux d'humidité qui règne ici.

6 Abus d'alcool
Dans les casinos, l'atmosphère festive et les boissons alcoolisées gratuites incitent aux abus. Ne conduisez pas si vous avez bu. Le taux d'alcoolémie toléré par la loi du Nevada est de 0,08 %, et l'arrestation en état d'ivresse peut entraîner la comparution devant le tribunal et une lourde amende pour le conducteur. S'il cause un accident mortel, il est passible de prison.

7 Assurance
L'assurance voyage n'est pas obligatoire pour les visiteurs aux États-Unis, mais elle est fortement conseillée car les soins médicaux et dentaires d'urgence peuvent être extrêmement onéreux. Les personnes redevables de frais médicaux doivent régler la note avant de quitter la clinique, l'hôpital ou le cabinet du médecin.

8 Prise de médicaments
Il n'y a aucune horloge dans les casinos : dans l'euphorie du jeu et l'oubli du temps, il est possible que vous omettiez de prendre vos médicaments à heure fixe ou que vous oubliez

que certains ne doivent pas être associés à l'alcool. La pharmacie ou le rayon pharmacie du supermarché, souvent ouvert 24 h/24, vous donnera vos médicaments sur ordonnance.

9 En cas de maladie
Las Vegas étant la ville la plus touristique d'Amérique, les professionnels de la médecine sont sensibilisés à la demande de visites à domicile (rares aux États-Unis). Si votre état de santé nécessite des soins, Inn-House Doctor Inc. offre des consultations gratuites par téléphone et envoie un médecin si nécessaire. La clinique sans rendez-vous Harmon Medical Center exige que les patients aient une assurance médicale et leurs papiers d'identité. House-Call Physicians regroupe des généralistes spécialisés dans les soins à domicile.

10 Urgences médicales
En cas d'extrême urgence, faites le 911 sur n'importe quel téléphone (n'oubliez pas d'obtenir d'abord la ligne extérieure si vous êtes dans un hôtel) ou composez le 0 et demandez à l'opérateur de le faire pour vous et d'envoyer immédiatement quelqu'un dans la chambre afin qu'il vous prenne en charge.

Mode d'emploi

Ci-dessus **Marche dans le désert à l'aube, avant la montée de la température**

TOP 10 Précautions dans le désert

1 Eau potable
Pour marcher dans le désert, prévoyez 4 l d'eau potable par jour et par personne pour parer aux principaux dangers, comme le coup de chaleur ou l'hypothermie (chute excessive de la température du corps). N'oubliez pas l'eau pour votre véhicule, même s'il est neuf : le radiateur peut chauffer quand la température extérieure approche les 50 °C.

2 Contrôle du véhicule
Assurez-vous que votre voiture est en bon état de marche et que le réservoir est plein. Restez sur les routes goudronnées; évitez de rouler sur le bas-côté, vous risqueriez de vous ensabler.

3 Crues subites
N'essayez pas de traverser les zones inondées. Si l'eau commence à monter sur la route, mieux vaut abandonner la voiture et gagner les hauteurs.

Panneau de crues subites

4 Ne pas partir seul
Ne vous aventurez jamais seul dans le désert et ne partez pas sans une carte et une bonne boussole, même si vous avez un GPS.

5 Prévenez un responsable
Quand vous partez en randonnée dans le désert, indiquez à un gardien du parc national ou à tout autre responsable votre destination et l'heure de votre retour. Si vous vous perdez, les sauveteurs seront plus efficaces s'ils ont ces éléments.

6 Vêtements
Les vêtements superposés freinent la déshydratation ou l'hypothermie. En été, la température atteint les 52 °C. En hiver, elle descend parfois au-dessous de zéro. La température peut varier considérablement en 24 h.

7 Préparation
Ayez toujours sur vous une trousse à pharmacie. Il est conseillé aux randonneurs de plus de 12 ans d'avoir des notions de secourisme et de réanimation.

8 Animaux dangereux
Méfiez-vous des serpents à sonnette et des scorpions. Avant de partir, apprenez à soigner leur morsure (et consultez un médecin dès que possible). Les animaux et insectes du désert, comme le monstre de Gila, le puma, le sanglier, l'ours, l'abeille tueuse et le mille-pattes sont également dangereux. Certains animaux peuvent sembler inoffensifs, mais ils attaquent s'ils se sentent menacés ou s'ils considèrent que leurs petits sont en danger.

9 Se couvrir la tête
Portez un chapeau pour éviter le coup de chaleur quand vous êtes dans le désert vers midi, en plein soleil, comme par temps couvert. Même pour quelques minutes, protégez votre peau avec une crème solaire et un baume pour les lèvres.

10 Mines désaffectées
Ne vous approchez pas des mines abandonnées. Elles sont très dangereuses car un effondrement, une forte déclivité ou un gaz mortel peuvent toujours survenir.

Adresses

Urgences
911.

Inn-House Doctor Inc.
702 259 1616.

Hamon Medical Center
150 E Harmon Ave
• plan Q3
• 702 796 1116.

House-Call Doctor
1515 E. Tropicana Ave.
702 474 6300.

Gauche **Tipi** Centre **Terrain de camping-cars, Laughlin** Droite **Tente dans un parc national**

TOP10 Camping et house-boats

1 Trouver un terrain de camping

En ville, le camping est en général interdit dans les parcs. Il est autorisé dans les parcs nationaux et ceux de l'État sur les espaces réservés, et les randonneurs ont parfois le droit de bivouaquer au bord du sentier. Dans les campings des parcs nationaux et des zones récréatives, les emplacements sont souvent attribués dans l'ordre d'arrivée : présentez-vous de bonne heure pour en obtenir un. D'autres campings prennent les réservations, il faut les contacter à l'avance. Respectez bien toutes les règles relatives aux feux, aux animaux domestiques, qui doivent être tenus en laisse, et à l'enlèvement des ordures.

2 Emplacements de tentes

Red Rock Canyon n'offre que 15 emplacements de tentes, où l'on peut séjourner jusqu'à 14 jours. Il y a des emplacements à Mt. Charleston et aux campings autour du Lake Mead.

3 Réservations

Dans les campings privés, réservez le plus tôt possible. Le camping étant de plus en plus pratiqué, il devient difficile d'obtenir une place sans réserver, surtout l'été pendant les vacances scolaires et au début de l'automne.

4 Terrains de camping des casinos

Pour séjourner au camping d'un casino, il faut réserver très tôt. Circusland RV Park est attenant au Circus Circus sur le Strip, et Sam's Town RV Park est voisin du Sam's Town Hotel & Gambling Hall.

5 Terrains pour camping-cars

Laughlin est la ville la plus ouverte aux camping-cars dans le sud du Nevada. Ils peuvent stationner la nuit sur les parkings des casinos ou dans l'un des parcs qui leur sont destinés de l'autre côté du Colorado, à Bullhead City en Arizona.

6 Location de camping-cars

Pour louer un camping-car pendant votre séjour à Las Vegas, vous avez le choix entre une bonne demi-douzaine d'agences. Leur liste figure dans les pages jaunes de l'annuaire de Las Vegas et sur Internet.

7 Précautions

Ne campez jamais dans un cours d'eau à sec ou à proximité, car la pluie peut générer des crues subites. Ne campez pas au sommet d'une grande colline : cette zone est très exposée à la foudre et aux vents violents.

8 Pluies torrentielles

Si de fortes pluies éclatent pendant que vous campez dans le désert, gagnez immédiatement les hauteurs – au moins 10 m au-dessus du fond du canyon ou du lit du cours d'eau à sec.

9 House-boats

Pour louer un house-boat, contactez à l'avance Seven Crown Resorts ou Forever Resorts. La marina Forever Resorts, à Callville Bay, à environ 45 min de route du Strip de Las Vegas, est la plus proche des deux.

10 Choix de la saison

Malgré la chaleur parfois étouffante, l'été est la haute saison du camping et du house-boat dans le Nevada : prenez vos dispositions un an à l'avance si possible. Les prix sont plus bas l'hiver, mais le temps n'est pas toujours clément. Pour louer un house-boat, le printemps ou l'automne sont des saisons très agréables.

Adresses

Circusland RV Park
500 Circus Circus Drive
• 800 634 3450.

Sam's Town RV Park
4040 S Nellis Blvd.
• 702 454 8055.

Seven Crown Resorts
800 752 9669 • www.
sevencrown.com

Forever Resorts
800 255 5561.

Gauche **À dos de mulet** Centre **Intérieur d'un hôtel de luxe** Droite **Nouvel An sur le Strip**

Réserver un hôtel

1 Choix d'un hôtel
Effectuez votre choix en fonction de votre propre façon de voyager. Si vous aimez l'animation et si le bruit ne vous dérange pas, il est pratique de séjourner sur le Strip ou à Downtown. En revanche, si le jeu n'est pas l'objectif de votre visite, nous vous conseillons d'envisager un hébergement sans casino.

2 Agences de voyages
Pour réserver une chambre à Las Vegas, le plus simple est de passer par une agence de voyages. Celle-ci n'a néanmoins pas accès aux formules à prix réduits disponibles, par exemple, sur Internet.

3 Réservation sur Internet
Les grands casinos-hôtels de Las Vegas ont presque tous un site Internet sur lequel ils proposent des réservations en ligne et des promotions. Ces sites sont indiqués dans les rubriques qui leur sont consacrées.

4 Forfaits
Comparez les nombreux forfaits avion-hôtel. Les moins chers, destinés aux joueurs, comprennent l'avion et 2 à 4 nuits d'hôtel en chambre double. Un choix d'hôtels est souvent proposé (mais pas toujours) dans différentes catégories de prix.

5 Souhaits personnels
Si vous avez des exigences particulières concernant votre chambre, téléphonez directement à l'hôtel et demandez un chargé de réservation. En indiquant vos souhaits à quelqu'un qui connaît parfaitement l'hôtel, vous augmentez vos chances d'avoir la chambre que vous avez demandée.

6 Bonnes affaires
Pour profiter des tarifs hôteliers les plus bas, programmez votre séjour juste avant ou juste après les fêtes du Nouvel An, ou entre le National Finals Rodeo et Noël. Les sites Internet des hôtels sont les meilleurs endroits pour faire des affaires.

7 Périodes à éviter
Les tarifs hôteliers sont en général plus élevés le week-end et ils peuvent quadrupler en période de grand congrès *(p. 117)*.

8 Parcs nationaux
Aux États-Unis, les parcs nationaux, surtout ceux du Sud-Ouest, connaissent une grande popularité ces dernières années. Il faut donc faire les réservations au moins un an à l'avance pour l'hébergement dans les parcs, mais aussi pour les activités comme les descentes en rafting, les promenades à dos de mulet au Grand Canyon, etc. Sinon, vous devrez séjourner un peu plus loin.

9 En périphérie
À Laughlin, Boulder City, Mesquite et dans la banlieue de Las Vegas, l'hébergement est plus facile à trouver et moins cher qu'à Las Vegas ou à Henderson.

10 Ventes de dernière minute
Si vos dates sont élastiques, vous pouvez profiter d'annulations de dernière minute, même aux périodes chargées, en appelant le Las Vegas Convention & Visitors Authority *(p. 115)*.

House-boats à Seven Crown Resorts

Index

Remerciements

Auteur
Connie Emerson habite le Nevada depuis plus de 30 ans. Elle est l'auteur d'articles de voyage pour des publications nationales et internationales.

Réalisé par Blue Island Publishing, Highbury, Londres

Direction éditoriale
Rosalyn Thiro

Direction artistique
Stephen Bere

Édition
Michael Ellis
Charlotte Rundall

Maquette
Tony Foo
Ian Midson

Iconographie
Ellen Root

Documentation
Amaia Allende
Emma Wilson

Reportage photographique
Demetrio Carrasco

Photographies d'appoint
Nigel Hicks
Alan Keohane
Tim Ridley
Greg Ward

Cartographie
Chris Orr & Associates

Correction
Stephanie Driver

Index
Hilary Bird

CHEZ DORLING KINDERSLEY :

Direction de la publication
Gillian Allan

Éditeur senior
Louise Bostock Lang

Éditeur
Kate Poole

Direction artistique
Marisa Renzullo

Cartographie
Casper Morris

Informatique éditoriale
Jason Little

Fabrication
Sarah Dodd, Marie Ingledew

Cartographie
John Plumer

Collaboration éditoriale
Emma Anacootee, Karen Constanti, Connie Emerson, Mariana Evmolpidou, Anna Freiberger, Jo Gardner, Eric Grossman, Rebecca Ingram Frish, Claire Jones, Sam Merrel, Collette Sadler, Anne Lise Sorensen, Karen Villabona, Ros Walford

Crédits photographiques
L'éditeur exprime sa reconnaissance aux particuliers, sociétés et photothèques pour leur assistance et leur autorisation de photographier.

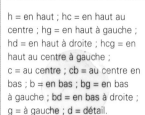

Remerciements

h = en haut ; hc = en haut au centre ; hg = en haut à gauche ; hd = en haut à droite ; hcg = en haut au centre à gauche ; c = au centre ; cb = au centre en bas ; b = en bas ; bg = en bas à gauche ; bd = en bas à droite ; g = à gauche ; d = détail.

ALAMY IMAGES : GISTIMAGES 75HC.
THE BELLAGIO : Russell Mac Masters Photography 2hg, 14b, 15c, 31bd, 46b, 50c, 77c, 120hg ; THE BLUE MAN GROUP : Ken Howard 38hd ; BUREAU OF RECLAMATION : Andrew Pernick 92h.
CAESARS PALACE : 64hd, 74hg, 76hd ; PURE : 42hd ; THE CENTER : 128b ; CHINOIS : 47ch ; CIRQUE DU SOLEIL : Photos Tomas Muscionico, Costumes Marie-Chantal Vaillancourt 38hc, 119hd, photo Véronique Vial, Costumes Dominique Lemieux 38c, 119c ; © Al Seib 38b ; CORBIS : Bettmann 30c, 31t, 120hd ; CORBIS : Richard Cummins 50hd.
THE DESERT INN : 135hc ; EXCALIBUR : 135hd ; THE FIRM PUBLIC RELATIONS & MARKETING : 13hd ; THE FORUM SHOPS : 26h, 26b ; GET BOOKED : 128hg ; HARRAH'S : 36hd. HULTON ARCHIVE : Archive Pictures 30hc ; JUBILEE : 3hcg, 39h, 119hg. JW MARRIOTT LAS VEGAS RESORT AND SPA : 88hg ; LAS VEGAS CONVENTION & VISITORS AUTHORITY : 56hg, 66hcg ; LAS VEGAS HILTON : 56c ; LAS VEGAS MAGAZINE : 115cb ; LAS VEGAS SUN : Lori Cain 58hd ; Steve Marcus 85, 87hd ; Aaron Mayes 85, 87hd ; Sam Morris 59h, 86b ; Ethan Miller 84hd, 87cb ; Marsh Starks 58hg, 59b ;
MANDALAY BAY : 43h, 112hd ; MGM GRAND : 42hg, 42b, 46hc, 126b, 128hd ; MGM MIRAGE : 36cb, 42hc, 47hd, 52bd, 64bg, 65hd, 77hd, 117hd, 118hc, 118hg, 118hd ; THE MIRAGE : 46hc, 64hg, 64b, 66b, 73b, 117hd ; NHPA : David Middleton 104c ; N9NEGROUP : 42c ; NHPA : David Middleton 104c.
THE RAINBOW COMPANY YOUTH THEATER : Tom Dyer 66hd ; RIO SUITE HOTEL : 87bg ; STONE : Stewart Cohen 6h, 8-9 ; Kerrick James 110-111 ; Jake Rajs 6bg, 12, 80h ; STRATOSPHERE TOWER : 56b ;
TI : 76hg ; TOWN SQARE LAS VEGAS : 53c ; TROPICANA RESORT AND CASINO : 38hg ; THE VENETIAN : 20h, 32hg, 71h. WYNN LAS VEGAS : Scott Forest 23hd, Robert Miller 7bc, 22hcg, 22-23, 23cr, Tomasz Rossa 22bc, 119hd.

Couverture : DK IMAGES : Rough Guides/Demetrio Carrasco.

Toutes les autres illustrations ©Dorling Kindersley. Pour plus d'informations : *www.dkimages.com*